52 Lists
Planner

MOOREA SEAL

List making has always been at the core of my personal organization strategy, and it was through my love of making lists that the 52 Lists journal series was born! I believe that everyone, from the most structured person to the most free-spirited soul, needs intentions, organization, and a little planning to experience a centered life. The 52 Lists series came about when I realized that when I put my thoughts, feelings, goals, and dreams down on paper in the form of lists, I feel immediate relief and clarity throughout my whole being. Here in this planner, I've gathered my best tips, tricks, and philosophies to help you live a more fulfilling and centered life. Expect to get your tasks and goals organized while exploring the deeper meaning behind what you do and who you are, all within this planner's pages. Because tasks are just tasks until you find the underlying purpose behind the things that you do. And once you find it, a brighter, more joyful and fulfilling life will be waiting there for you just beyond the page.

xo Moorea Seal

Before You Get Started

Read on for the intentions behind this planner, plus insights on how to get the most out of each page!

LET'S MAKE A PLAN!
Goals vs Tasks vs Intentions

I find that often we focus so intently on our goals, it sometimes keeps us from enjoying the process of reaching for them. It can even keep us from changing course when it might serve us better to do so. Here's a way to think about goal setting that also leaves room for flexibility.

GOAL: The object of a person's ambition or effort. The focus is on the end result and exact execution and completion. It's black and white: either attainable or unattainable.

Goals are valuable in our lives for giving us the motivation to complete tasks and follow through with intentions and plans. But on the flip side, goals can often restrict us from pursuing fulfilling life and work experiences if we focus solely on what we originally envisioned rather than seeing opportunities that may arise and set us on an even more fulfilling course. Sometimes a goal can convince us that what we have right now is not enough and that the ever-elusive future, rather than the here and now, holds the key to our happiness and peace. Goals give us the chance to win, but setting a goal also means there is the risk of failing. And failing and moving on is easier for some than others.

TASK: Something one must do in order to reach a goal. Tasks are steps or a means to an end, and they are attainable through execution.

Tasks backed with purpose are fulfilling! But when a task becomes a task for task's sake alone, not all personality types respond well. Here's where intentions come in.

INTENTION: A desired course of action that offers flexibility to adapt and change. A plan that focuses on the beginning thought and the process in which it unfurls, based on underlying values.

There is no win or lose in intention setting; simply deciding on an ideal and pursuing where that may take you is the name of the game. To live out your intentions means focusing on how you want to be or what you want to do in the moment, with freedom for that to change minute by minute or years into the future to maintain overall wellness. Intentions speak to your values. And failure isn't an option when you live by your values. You are simply being true to you.

For example...

GOAL: Become a famous musician by age thirty.

ACHIEVEMENT: You did it!

FAILURE: You didn't make it by age thirty.

Is that truly a failure if you tried your best to cultivate your talents and improve your skills, and you enjoyed the process? Here is where focusing on intention can help shift your perception of your experience.

INTENTION: Become a famous musician by age thirty.

PROCESS: You teach yourself an instrument. You make friends who also make music. You find joy in making music with others. You start writing your own music. You realize you enjoy writing music more than performing. You realize instead of fame, you seek proficiency in an art form and recognize a need to be heard. You discover that acknowledgment and validation from your community bring you joy. You find new ways to implement the lessons you have learned through music to improve the other areas of your life.

VALUES DEVELOPED AND RESULTS GAINED: You didn't become a famous musician by age thirty, but . . . you have physical, emotional, and intellectual evidence of your efforts in pursuing an intention. You discovered new things about who you are, what drives you, and what brings you joy. You have a new way to release thoughts and feelings. You have new practical skills that you can apply to so many situations. And the intention of achieving a lot by age thirty still happened, just in a different result than you intended. It fulfilled you on a deeper level than being famous by thirty would have. You've lost nothing, only gained.

ROUTINE vs VARIETY
Finding a Happy Balance

THE PURPOSE OF ROUTINE

Routine gives us space to think and dream because it allows our minds to rest. For example, if you always have to think about the order in which you get ready in the morning (Should I brush my teeth first or comb my hair first?), you would be left with less mental energy to make more important decisions later in the day. By simply moving through the motions of a routine, we give our brains a break from having to make decisions, therein creating rest even while we're moving forward and getting things done!

List 5 things that are central to your morning routine.

1. _____

2. _____

3. _____

4. _____

5. _____

List 5 things that are central to your evening routine.

1. _____
2. _____
3. _____
4. _____
5. _____

THE IMPORTANCE OF VARIETY

We have all heard the saying "Variety is the spice of life." Historically and scientifically, it's true! From athletes who need a variety of strength and conditioning programs to farmers who enrich their soil by rotating crops in cycles, variety is essential for health and wellness in so many forms. Professor Jordan Etkin of Duke University finds that when people experience variety over a longer timeline, say within a day, month, or year, their happiness increases. But when we are given too much variety in a shorter timeline, for instance a variety of tasks to engage with in thirty minutes or an hour, that leaves people feeling unhappy and less satisfied. Longer time periods that have variety, especially planned variety, allow us to cultivate excitement and positive anticipation—something to look forward to. But over a shorter time period, it undermines our feelings of productivity. It leaves us feeling less happy. So yes, variety is the spice of life! Excitement and positive anticipation release endorphins. But variety is not the spice of an hour.

List 5 things you would like to place in your calendar that will add variety to your year ahead that you can look forward to!

1. _____
2. _____
3. _____
4. _____
5. _____

HOW TO PRIORITIZE TO GET THE MOST OUT OF YOUR DAY

Oftentimes, the most important things to work on and get done are the most uncomfortable to start or to finish. They often involve risk and the opportunity to stretch your capabilities. There's a likely chance you will grow in some way because of diving in, but you've got to make the decision that growth is worth the challenge. A way to zero in on your top priorities is to choose three to focus on each day.

HOW TO CHOOSE YOUR DAILY TOP THREE PRIORITIES

When adding your top three priorities to your day in your planner, ask yourself: *Would I feel satisfied with my day if I only accomplished these three things?*

The answer should be yes!

When choosing the first priority to tackle, ask yourself: *Which one of these tasks is causing me the most stress? Would I feel more relaxed about my other tasks if I got this one done first?*

Get the uncomfortable feelings out of the way *first*, so the rest of your tasks can flow with more ease.

THE TWO- TO THREE-HOUR TIME CHUNK TRICK

So you have a project that you really need to start but you're worried about how long it will take. Or maybe you have a project that you've only gotten partway through. The best solution is to chunk out some time to focus solely on that thing that is stressing you out. Make that nagging thing your top priority for the day and give it two or three hours in a row of your undivided attention. The important thing is that your time slot gives you enough mental space to really make some headway that will leave you feeling like you accomplished something. It's a limited-enough amount of time where you have space to get distracted, come back, and resume focus because you know the end is in sight.

EASY AND REALISTIC IMPROVEMENT
1 Percent Better Every Day

As Benjamin Franklin said, "Little strokes fell great oaks." It's so easy to get lost in big dreams and aspirations. Sometimes goals can get so big that even taking one little step toward a dream feels impossible. What do you need to make tomorrow just 1 percent better? Not 100 percent, not even 10 percent, just 1 percent.

The Japanese word *kaizen* means "improvement," and it forms the basis of a philosophy found in both Japanese and American businesses. Kaizen-focused companies aim to make small, incremental improvements one person at a time instead of grand and drastic company-wide changes. Kaizen's concept of simple, continuous improvement reminds us that a little positive change can go a long way. You can make tomorrow 1 percent better by changing just one little thing, like doing some quick stretches in the morning, treating yourself to a pick-me-up coffee in the afternoon, giving someone you love a hug, or reading one page of a book. It's not a major feat; it's just one easy step that makes each day a little better than the last. You'll find prompting on each day of the work week to write in how you will make tomorrow 1 percent better than today. There is no way to go wrong when striving for 1 percent better.

HOW PRACTICING GRATITUDE CAN CHANGE YOUR LIFE FOR THE BETTER

Gratitude is defined in the Oxford Dictionary as "the quality of being thankful; readiness to show appreciation for and to return kindness."

The old adage "The grass is always greener" seems to be at its height in today's day and age. It's so easy to lose sight of our own reasons to be appreciative of what we have with social media projecting images of other people's seemingly perfect lives in our faces day in and day out. So how can we move from feeling down about our own lives to loving each of our days and living to our greatest potential? That's where gratitude comes in. Taking the time to list what we are grateful for helps to redirect our minds to the positive and special moments in our lives. It's a reframing of your experience, a rewriting of your story that gives you the freedom to be as happy as *you* decide. When our appreciation for what we have in the here and now grows, so do our peace, joy, and positivity.

You will find a prompt to list what you are grateful for on each daily page of this planner. Whether you list your dog, a treat you had, a difficult experience that inspired courage, or simply a roof over your head, there is no wrong answer.

"Strive for continuous improvement,
instead of perfection."

—KIM COLLINS

SPECIAL HAPPENINGS

THIS YEAR _____

JANUARY
_____
_____
_____
_____
_____
_____

FEBRUARY
_____
_____
_____
_____
_____
_____

MARCH
_____
_____
_____
_____
_____
_____

APRIL
_____
_____
_____
_____
_____
_____

MAY
_____
_____
_____
_____
_____
_____

JUNE
_____
_____
_____
_____
_____
_____

JULY
_____
_____
_____
_____
_____
_____

AUGUST
_____
_____
_____
_____
_____
_____

SEPTEMBER
_____
_____
_____
_____
_____
_____

OCTOBER
_____
_____
_____
_____
_____

NOVEMBER
_____
_____
_____
_____
_____

DECEMBER
_____
_____
_____
_____
_____

SPECIAL HAPPENINGS

NEXT YEAR _____

JANUARY

_____
_____
_____
_____
_____

FEBRUARY

_____
_____
_____
_____
_____

MARCH

_____
_____
_____
_____
_____

APRIL

_____
_____
_____
_____
_____

MAY

_____
_____
_____
_____
_____

JUNE

_____
_____
_____
_____
_____

JULY

_____
_____
_____
_____
_____

AUGUST

_____
_____
_____
_____
_____

SEPTEMBER

_____
_____
_____
_____
_____

OCTOBER

_____
_____
_____
_____
_____

NOVEMBER

_____
_____
_____
_____
_____

DECEMBER

_____
_____
_____
_____
_____

LOOKING FORWARD WITH INTENTION

IT STARTS NOW _____ / _____ / _____

5 people I want to connect with this year:

_____

_____

_____

_____

_____

5 new things I want to try:

_____

_____

_____

_____

_____

5 places I want to go to:

_____

_____

_____

_____

_____

5 projects I want to do:

_____

_____

_____

_____

_____

My word of the year: _____

A quote I love: _____

_____

_____

My theme song this year: _____

My overall mood right now is

Negative   Neutral   Positive

GOALS

FUN + RECREATION

_____

_____

_____

_____

_____

WORK + EDUCATION

_____

_____

_____

_____

_____

HOME

_____

_____

_____

_____

FINANCES

_____

_____

_____

_____

HEALTH + SELF-CARE

_____

_____

_____

_____

OTHER

_____

_____

_____

_____

Places I want to invest most of my time this year:

- ◯ work/education
- ◯ home
- ◯ mental health
- ◯ intellect
- ◯ spirituality
- ◯ friendship
- ◯ family
- ◯ physical activity
- ◯ activism/politics
- ◯ finances
- ◯ _____
- ◯ _____

THIS MONTH'S LIST

List all the dreams you can muster, from the little dreams you can accomplish this month to the big dreams you hold for your future.

MONTH AT A GLANCE

	MON	TUE	WED
	○	○	○
	○	○	○
	○	○	○
	○	○	○
	○	○	○
	○	○	○

NOTES

THU	FRI	SAT	SUN
○	○	○	○
○	○	○	○
○	○	○	○
○	○	○	○
○	○	○	○
○	○	○	○

THE WEEK AHEAD

____ /MONDAY

TASKS
This week's to-dos:

○ _____

○ _____

○ _____

○ _____

○ _____

○ _____

○ _____

○ _____

○ _____

○ _____

○ _____

○ _____

○ _____

○ _____

TOP 3 PRIORITIES

○ _____

○ _____

○ _____

INTENTIONS
Hopes and dreams for the week:

_____

_____

_____

_____

_____

TODAY I AM GRATEFUL FOR

_____

I WILL MAKE TOMORROW 1% BETTER BY

_____

____ /TUESDAY

TOP 3 PRIORITIES

○ _____

○ _____

○ _____

TODAY I AM GRATEFUL FOR

_____

I WILL MAKE TOMORROW 1% BETTER BY

_____

____ /WEDNESDAY

TOP 3 PRIORITIES

○ _____

○ _____

○ _____

TODAY I AM GRATEFUL FOR

_____

I WILL MAKE TOMORROW 1% BETTER BY

_____

___ /THURSDAY

TOP 3 PRIORITIES

○ _____

○ _____

○ _____

_____

_____

_____

_____

_____

_____

_____

_____

_____

_____

_____

_____

_____

_____

_____

TODAY I AM GRATEFUL FOR

_____

I WILL MAKE TOMORROW 1% BETTER BY

_____

___ /FRIDAY

TOP 3 PRIORITIES

○ _____

○ _____

○ _____

_____

_____

_____

_____

_____

_____

_____

_____

_____

_____

_____

_____

_____

_____

_____

TODAY I AM GRATEFUL FOR

_____

I WILL MAKE TOMORROW 1% BETTER BY

_____

___ /SATURDAY

TODAY I AM GRATEFUL FOR

___ /SUNDAY

TODAY I AM GRATEFUL FOR

REFLECTING BACK

THIS WEEK I FEEL MOST PROUD OF

Personal: _____

Professional/Educational: _____

MY FAVORITE THING THAT HAPPENED THIS WEEK WAS

MY OVERALL MOOD THIS WEEK WAS

Negative   Neutral   Positive

THE WEEK AHEAD

TASKS
This week's to-dos:

- ○ _____
- ○ _____
- ○ _____
- ○ _____
- ○ _____
- ○ _____
- ○ _____
- ○ _____
- ○ _____
- ○ _____
- ○ _____
- ○ _____
- ○ _____
- ○ _____

INTENTIONS
Hopes and dreams for the week:

_____
_____
_____
_____
_____
_____

____ /MONDAY

TOP 3 PRIORITIES

- ○ _____
- ○ _____
- ○ _____

TODAY I AM GRATEFUL FOR

_____

I WILL MAKE TOMORROW 1% BETTER BY

_____

___ /TUESDAY

TOP 3 PRIORITIES

○ _____

○ _____

○ _____

TODAY I AM GRATEFUL FOR

_____

I WILL MAKE TOMORROW 1% BETTER BY

_____

___ /WEDNESDAY

TOP 3 PRIORITIES

○ _____

○ _____

○ _____

TODAY I AM GRATEFUL FOR

_____

I WILL MAKE TOMORROW 1% BETTER BY

_____

___ /THURSDAY

TOP 3 PRIORITIES

○ _____

○ _____

○ _____

TODAY I AM GRATEFUL FOR

_____

I WILL MAKE TOMORROW 1% BETTER BY

_____

___ /FRIDAY

TOP 3 PRIORITIES

○ _____

○ _____

○ _____

TODAY I AM GRATEFUL FOR

_____

I WILL MAKE TOMORROW 1% BETTER BY

_____

___ /SATURDAY

TODAY I AM GRATEFUL FOR

___ /SUNDAY

TODAY I AM GRATEFUL FOR

REFLECTING BACK

THIS WEEK I FEEL MOST PROUD OF

Personal: _____

Professional/Educational: _____

MY FAVORITE THING THAT HAPPENED THIS WEEK WAS

MY OVERALL MOOD THIS WEEK WAS

Negative   Neutral   Positive

THE WEEK AHEAD

_____ /MONDAY

TASKS
This week's to-dos:

○ _____

○ _____

○ _____

○ _____

○ _____

○ _____

○ _____

○ _____

○ _____

○ _____

○ _____

○ _____

○ _____

○ _____

○ _____

TOP 3 PRIORITIES

○ _____

○ _____

○ _____

INTENTIONS
Hopes and dreams for the week:

_____

_____

_____

_____

_____

_____

TODAY I AM GRATEFUL FOR

_____

I WILL MAKE TOMORROW 1% BETTER BY

_____

____ /TUESDAY

TOP 3 PRIORITIES

◯ _____

◯ _____

◯ _____

TODAY I AM GRATEFUL FOR

_____

I WILL MAKE TOMORROW 1% BETTER BY

_____

____ /WEDNESDAY

TOP 3 PRIORITIES

◯ _____

◯ _____

◯ _____

TODAY I AM GRATEFUL FOR

_____

I WILL MAKE TOMORROW 1% BETTER BY

_____

___ /THURSDAY

TOP 3 PRIORITIES

◯ _____

◯ _____

◯ _____

TODAY I AM GRATEFUL FOR

_____

I WILL MAKE TOMORROW 1% BETTER BY

_____

___ /FRIDAY

TOP 3 PRIORITIES

◯ _____

◯ _____

◯ _____

TODAY I AM GRATEFUL FOR

_____

I WILL MAKE TOMORROW 1% BETTER BY

_____

___ /SATURDAY

TODAY I AM GRATEFUL FOR

___ /SUNDAY

TODAY I AM GRATEFUL FOR

REFLECTING BACK

THIS WEEK I FEEL MOST PROUD OF

Personal: _____

Professional/Educational: _____

MY FAVORITE THING THAT HAPPENED
THIS WEEK WAS

MY OVERALL MOOD THIS WEEK WAS

Negative   Neutral   Positive

THE WEEK AHEAD

TASKS
This week's to-dos:

- ○ _____
- ○ _____
- ○ _____
- ○ _____
- ○ _____
- ○ _____
- ○ _____
- ○ _____
- ○ _____
- ○ _____
- ○ _____
- ○ _____
- ○ _____
- ○ _____

INTENTIONS
Hopes and dreams for the week:

_____

_____

_____

_____

_____

_____

____ /MONDAY

TOP 3 PRIORITIES

- ○ _____
- ○ _____
- ○ _____

TODAY I AM GRATEFUL FOR

_____

I WILL MAKE TOMORROW 1% BETTER BY

_____

___ /TUESDAY

TOP 3 PRIORITIES

○ _____

○ _____

○ _____

TODAY I AM GRATEFUL FOR

_____

I WILL MAKE TOMORROW 1% BETTER BY

_____

___ /WEDNESDAY

TOP 3 PRIORITIES

○ _____

○ _____

○ _____

TODAY I AM GRATEFUL FOR

_____

I WILL MAKE TOMORROW 1% BETTER BY

_____

___ /THURSDAY

TOP 3 PRIORITIES

○ _____

○ _____

○ _____

TODAY I AM GRATEFUL FOR

_____

I WILL MAKE TOMORROW 1% BETTER BY

_____

___ /FRIDAY

TOP 3 PRIORITIES

○ _____

○ _____

○ _____

TODAY I AM GRATEFUL FOR

_____

I WILL MAKE TOMORROW 1% BETTER BY

_____

___ /SATURDAY

TODAY I AM GRATEFUL FOR

___ /SUNDAY

TODAY I AM GRATEFUL FOR

REFLECTING BACK

THIS WEEK I FEEL MOST PROUD OF

Personal: _____

Professional/Educational: _____

MY FAVORITE THING THAT HAPPENED
THIS WEEK WAS

MY OVERALL MOOD THIS WEEK WAS

Negative   Neutral   Positive

THE WEEK AHEAD

_____ /MONDAY

TASKS
This week's to-dos:

- ○ _____
- ○ _____
- ○ _____
- ○ _____
- ○ _____
- ○ _____
- ○ _____
- ○ _____
- ○ _____
- ○ _____
- ○ _____
- ○ _____
- ○ _____
- ○ _____

TOP 3 PRIORITIES

- ○ _____
- ○ _____
- ○ _____

INTENTIONS
Hopes and dreams for the week:

_____

_____

_____

_____

_____

TODAY I AM GRATEFUL FOR

_____

I WILL MAKE TOMORROW 1% BETTER BY

_____

___ /TUESDAY

TOP 3 PRIORITIES

○ _____

○ _____

○ _____

TODAY I AM GRATEFUL FOR

_____

I WILL MAKE TOMORROW 1% BETTER BY

_____

___ /WEDNESDAY

TOP 3 PRIORITIES

○ _____

○ _____

○ _____

TODAY I AM GRATEFUL FOR

_____

I WILL MAKE TOMORROW 1% BETTER BY

_____

___ /THURSDAY

TOP 3 PRIORITIES

○ _____

○ _____

○ _____

TODAY I AM GRATEFUL FOR

_____

I WILL MAKE TOMORROW 1% BETTER BY

_____

___ /FRIDAY

TOP 3 PRIORITIES

○ _____

○ _____

○ _____

TODAY I AM GRATEFUL FOR

_____

I WILL MAKE TOMORROW 1% BETTER BY

_____

___ /SATURDAY

TODAY I AM GRATEFUL FOR

___ /SUNDAY

TODAY I AM GRATEFUL FOR

REFLECTING BACK

THIS WEEK I FEEL MOST PROUD OF

Personal: _____

Professional/Educational: _____

MY FAVORITE THING THAT HAPPENED THIS WEEK WAS

MY OVERALL MOOD THIS WEEK WAS

Negative   Neutral   Positive

____ /MONDAY

TOP 3 PRIORITIES

○ _____

○ _____

○ _____

_____

_____

_____

_____

_____

_____

_____

_____

_____

_____

_____

_____

_____

_____

_____

TODAY I AM GRATEFUL FOR

_____

I WILL MAKE TOMORROW 1% BETTER BY

_____

____ /TUESDAY

TOP 3 PRIORITIES

○ _____

○ _____

○ _____

_____

_____

_____

_____

_____

_____

_____

_____

_____

_____

_____

_____

_____

_____

_____

TODAY I AM GRATEFUL FOR

_____

I WILL MAKE TOMORROW 1% BETTER BY

_____

THIS MONTH'S LIST

List the things you can start right now to turn some of your
dreams into realities. Use the project planner at the end if
you need more space to brainstorm and get organized.

MONTH AT A GLANCE

MON	TUE	WED
○	○	○
○	○	○
○	○	○
○	○	○
○	○	○
○	○	○

NOTES

THU	FRI	SAT	SUN

○	○	○	○
○	○	○	○
○	○	○	○
○	○	○	○
○	○	○	○
○	○	○	○

THE WEEK AHEAD

TASKS
This week's to-dos:

- ◯ _____
- ◯ _____
- ◯ _____
- ◯ _____
- ◯ _____
- ◯ _____
- ◯ _____
- ◯ _____
- ◯ _____
- ◯ _____
- ◯ _____
- ◯ _____
- ◯ _____
- ◯ _____

INTENTIONS
Hopes and dreams for the week:

_____
_____
_____
_____
_____
_____

_____ /MONDAY

TOP 3 PRIORITIES

- ◯ _____
- ◯ _____
- ◯ _____

TODAY I AM GRATEFUL FOR

_____

I WILL MAKE TOMORROW 1% BETTER BY

_____

___ /TUESDAY

TOP 3 PRIORITIES

○ _____

○ _____

○ _____

_____

○ _____

○ _____

○ _____

○ _____

○ _____

○ _____

○ _____

○ _____

○ _____

○ _____

○ _____

○ _____

○ _____

TODAY I AM GRATEFUL FOR

_____

I WILL MAKE TOMORROW 1% BETTER BY

_____

___ /WEDNESDAY

TOP 3 PRIORITIES

○ _____

○ _____

○ _____

_____

○ _____

○ _____

○ _____

○ _____

○ _____

○ _____

○ _____

○ _____

○ _____

○ _____

○ _____

○ _____

○ _____

TODAY I AM GRATEFUL FOR

_____

I WILL MAKE TOMORROW 1% BETTER BY

_____

___ /THURSDAY

TOP 3 PRIORITIES

○ _____

○ _____

○ _____

TODAY I AM GRATEFUL FOR

_____

I WILL MAKE TOMORROW 1% BETTER BY

_____

___ /FRIDAY

TOP 3 PRIORITIES

○ _____

○ _____

○ _____

TODAY I AM GRATEFUL FOR

_____

I WILL MAKE TOMORROW 1% BETTER BY

_____

___ /SATURDAY

TODAY I AM GRATEFUL FOR

___ /SUNDAY

TODAY I AM GRATEFUL FOR

REFLECTING BACK

THIS WEEK I FEEL MOST PROUD OF

Personal: _____

Professional/Educational: _____

MY FAVORITE THING THAT HAPPENED
THIS WEEK WAS

MY OVERALL MOOD THIS WEEK WAS

Negative   Neutral   Positive

THE WEEK AHEAD

TASKS
This week's to-dos:

○ _____
○ _____
○ _____
○ _____
○ _____
○ _____
○ _____
○ _____
○ _____
○ _____
○ _____
○ _____
○ _____
○ _____

INTENTIONS
Hopes and dreams for the week:

_____

_____

_____

_____

_____

___ /MONDAY

TOP 3 PRIORITIES

○ _____
○ _____
○ _____

___ | _____
___ | _____
___ | _____
___ | _____
___ | _____
___ | _____
___ | _____
___ | _____
___ | _____
___ | _____
___ | _____
___ | _____

TODAY I AM GRATEFUL FOR

_____

I WILL MAKE TOMORROW 1% BETTER BY

_____

___ /TUESDAY

TOP 3 PRIORITIES

○ _____

○ _____

○ _____

TODAY I AM GRATEFUL FOR

_____

I WILL MAKE TOMORROW 1% BETTER BY

_____

___ /WEDNESDAY

TOP 3 PRIORITIES

○ _____

○ _____

○ _____

TODAY I AM GRATEFUL FOR

_____

I WILL MAKE TOMORROW 1% BETTER BY

_____

___ /THURSDAY

TOP 3 PRIORITIES

- ○ _____
- ○ _____
- ○ _____

TODAY I AM GRATEFUL FOR

_____

I WILL MAKE TOMORROW 1% BETTER BY

_____

___ /FRIDAY

TOP 3 PRIORITIES

- ○ _____
- ○ _____
- ○ _____

TODAY I AM GRATEFUL FOR

_____

I WILL MAKE TOMORROW 1% BETTER BY

_____

___ /SATURDAY

TODAY I AM GRATEFUL FOR

___ /SUNDAY

TODAY I AM GRATEFUL FOR

REFLECTING BACK

THIS WEEK I FEEL MOST PROUD OF

Personal: _____

_____

_____

_____

Professional/Educational: _____

_____

_____

_____

MY FAVORITE THING THAT HAPPENED
THIS WEEK WAS

MY OVERALL MOOD THIS WEEK WAS

Negative   Neutral   Positive

THE WEEK AHEAD

____ /MONDAY

TASKS
This week's to-dos:

- ○ _____
- ○ _____
- ○ _____
- ○ _____
- ○ _____
- ○ _____
- ○ _____
- ○ _____
- ○ _____
- ○ _____
- ○ _____
- ○ _____
- ○ _____
- ○ _____

TOP 3 PRIORITIES

- ○ _____
- ○ _____
- ○ _____

INTENTIONS
Hopes and dreams for the week:

_____

_____

_____

_____

_____

TODAY I AM GRATEFUL FOR

_____

I WILL MAKE TOMORROW 1% BETTER BY

_____

___ /TUESDAY

TOP 3 PRIORITIES

○ _____

○ _____

○ _____

TODAY I AM GRATEFUL FOR

_____

I WILL MAKE TOMORROW 1% BETTER BY

_____

___ /WEDNESDAY

TOP 3 PRIORITIES

○ _____

○ _____

○ _____

TODAY I AM GRATEFUL FOR

_____

I WILL MAKE TOMORROW 1% BETTER BY

_____

___ /THURSDAY

TOP 3 PRIORITIES

○ _____

○ _____

○ _____

___ | _____
___ | _____
___ | _____
___ | _____
___ | _____
___ | _____
___ | _____
___ | _____
___ | _____
___ | _____
___ | _____
___ | _____

TODAY I AM GRATEFUL FOR

_____

I WILL MAKE TOMORROW 1% BETTER BY

_____

___ /FRIDAY

TOP 3 PRIORITIES

○ _____

○ _____

○ _____

___ | _____
___ | _____
___ | _____
___ | _____
___ | _____
___ | _____
___ | _____
___ | _____
___ | _____
___ | _____
___ | _____
___ | _____

TODAY I AM GRATEFUL FOR

_____

I WILL MAKE TOMORROW 1% BETTER BY

_____

___ /SATURDAY

TODAY I AM GRATEFUL FOR

___ /SUNDAY

TODAY I AM GRATEFUL FOR

REFLECTING BACK

THIS WEEK I FEEL MOST PROUD OF

Personal: _____

Professional/Educational: _____

MY FAVORITE THING THAT HAPPENED
THIS WEEK WAS

MY OVERALL MOOD THIS WEEK WAS

Negative   Neutral   Positive

THE WEEK AHEAD

____ /MONDAY

TASKS
This week's to-dos:

○ _____
○ _____
○ _____
○ _____
○ _____
○ _____
○ _____
○ _____
○ _____
○ _____
○ _____
○ _____
○ _____
○ _____

TOP 3 PRIORITIES

○ _____
○ _____
○ _____

INTENTIONS
Hopes and dreams for the week:

_____

_____

_____

_____

_____

TODAY I AM GRATEFUL FOR

_____

I WILL MAKE TOMORROW 1% BETTER BY

_____

___ /TUESDAY

TOP 3 PRIORITIES

○ _____

○ _____

○ _____

_____

_____

_____

_____

_____

_____

_____

_____

_____

_____

_____

_____

_____

_____

_____

TODAY I AM GRATEFUL FOR

_____

I WILL MAKE TOMORROW 1% BETTER BY

_____

___ /WEDNESDAY

TOP 3 PRIORITIES

○ _____

○ _____

○ _____

_____

_____

_____

_____

_____

_____

_____

_____

_____

_____

_____

_____

_____

_____

_____

TODAY I AM GRATEFUL FOR

_____

I WILL MAKE TOMORROW 1% BETTER BY

_____

_____ /THURSDAY

TOP 3 PRIORITIES

◯ _____

◯ _____

◯ _____

_____ /FRIDAY

TOP 3 PRIORITIES

◯ _____

◯ _____

◯ _____

TODAY I AM GRATEFUL FOR

_____

I WILL MAKE TOMORROW 1% BETTER BY

_____

TODAY I AM GRATEFUL FOR

_____

I WILL MAKE TOMORROW 1% BETTER BY

_____

___ /SATURDAY

TODAY I AM GRATEFUL FOR

___ /SUNDAY

TODAY I AM GRATEFUL FOR

REFLECTING BACK

THIS WEEK I FEEL MOST PROUD OF

Personal: _____

Professional/Educational: _____

MY FAVORITE THING THAT HAPPENED
THIS WEEK WAS

MY OVERALL MOOD THIS WEEK WAS

Negative   Neutral   Positive

THE WEEK AHEAD

TASKS
This week's to-dos:

○ _____
○ _____
○ _____
○ _____
○ _____
○ _____
○ _____
○ _____
○ _____
○ _____
○ _____
○ _____
○ _____
○ _____

INTENTIONS
Hopes and dreams for the week:

_____

_____

_____

_____

_____

____ /MONDAY

TOP 3 PRIORITIES

○ _____
○ _____
○ _____

TODAY I AM GRATEFUL FOR

_____

I WILL MAKE TOMORROW 1% BETTER BY

_____

___ /TUESDAY

TOP 3 PRIORITIES

- _____
- _____
- _____

TODAY I AM GRATEFUL FOR

_____

I WILL MAKE TOMORROW 1% BETTER BY

_____

___ /WEDNESDAY

TOP 3 PRIORITIES

- _____
- _____
- _____

TODAY I AM GRATEFUL FOR

_____

I WILL MAKE TOMORROW 1% BETTER BY

_____

___ /THURSDAY

TOP 3 PRIORITIES

◯ _____

◯ _____

◯ _____

TODAY I AM GRATEFUL FOR

_____

I WILL MAKE TOMORROW 1% BETTER BY

_____

___ /FRIDAY

TOP 3 PRIORITIES

◯ _____

◯ _____

◯ _____

TODAY I AM GRATEFUL FOR

_____

I WILL MAKE TOMORROW 1% BETTER BY

_____

____ /SATURDAY

TODAY I AM GRATEFUL FOR

____ /SUNDAY

TODAY I AM GRATEFUL FOR

REFLECTING BACK

THIS WEEK I FEEL MOST PROUD OF

Personal: _____

Professional/Educational: _____

MY FAVORITE THING THAT HAPPENED
THIS WEEK WAS

MY OVERALL MOOD THIS WEEK WAS

Negative   Neutral   Positive

____ /MONDAY

TOP 3 PRIORITIES

○ _____

○ _____

○ _____

TODAY I AM GRATEFUL FOR

_____

I WILL MAKE TOMORROW 1% BETTER BY

_____

____ /TUESDAY

TOP 3 PRIORITIES

○ _____

○ _____

○ _____

TODAY I AM GRATEFUL FOR

_____

I WILL MAKE TOMORROW 1% BETTER BY

_____

THIS MONTH'S LIST

List the ways you can craft your life so you'll be prepared
to take advantage of opportunities when they arise.

MONTH AT A GLANCE

MON	TUE	WED
○	○	○
○	○	○
○	○	○
○	○	○
○	○	○
○	○	○

NOTES

THU	FRI	SAT	SUN
◯	◯	◯	◯
◯	◯	◯	◯
◯	◯	◯	◯
◯	◯	◯	◯
◯	◯	◯	◯
◯	◯	◯	◯

THE WEEK AHEAD

TASKS
This week's to-dos:

- ◯ _____
- ◯ _____
- ◯ _____
- ◯ _____
- ◯ _____
- ◯ _____
- ◯ _____
- ◯ _____
- ◯ _____
- ◯ _____
- ◯ _____
- ◯ _____
- ◯ _____
- ◯ _____

INTENTIONS
Hopes and dreams for the week:

_____

_____

_____

_____

_____

____ /MONDAY

TOP 3 PRIORITIES

- ◯ _____
- ◯ _____
- ◯ _____

TODAY I AM GRATEFUL FOR

_____

I WILL MAKE TOMORROW 1% BETTER BY

_____

____ /TUESDAY

TOP 3 PRIORITIES

○ _____

○ _____

○ _____

TODAY I AM GRATEFUL FOR

_____

I WILL MAKE TOMORROW 1% BETTER BY

_____

____ /WEDNESDAY

TOP 3 PRIORITIES

○ _____

○ _____

○ _____

TODAY I AM GRATEFUL FOR

_____

I WILL MAKE TOMORROW 1% BETTER BY

_____

___ /THURSDAY

TOP 3 PRIORITIES

○ _____

○ _____

○ _____

TODAY I AM GRATEFUL FOR

_____

I WILL MAKE TOMORROW 1% BETTER BY

_____

___ /FRIDAY

TOP 3 PRIORITIES

○ _____

○ _____

○ _____

TODAY I AM GRATEFUL FOR

_____

I WILL MAKE TOMORROW 1% BETTER BY

_____

___ /SATURDAY

TODAY I AM GRATEFUL FOR

___ /SUNDAY

TODAY I AM GRATEFUL FOR

REFLECTING BACK

THIS WEEK I FEEL MOST PROUD OF

Personal: _____

Professional/Educational: _____

MY FAVORITE THING THAT HAPPENED
THIS WEEK WAS

MY OVERALL MOOD THIS WEEK WAS

Negative   Neutral   Positive

THE WEEK AHEAD

____ /MONDAY

TASKS
This week's to-dos:

○ _____
○ _____
○ _____
○ _____
○ _____
○ _____
○ _____
○ _____
○ _____
○ _____
○ _____
○ _____
○ _____
○ _____

TOP 3 PRIORITIES

○ _____
○ _____
○ _____

INTENTIONS
Hopes and dreams for the week:

_____

_____

_____

_____

_____

_____

TODAY I AM GRATEFUL FOR

_____

I WILL MAKE TOMORROW 1% BETTER BY

_____

___ /TUESDAY

TOP 3 PRIORITIES

○ _____

○ _____

○ _____

—	_____
—	_____
—	_____
—	_____
—	_____
—	_____
—	_____
—	_____
—	_____
—	_____
—	_____
—	_____
—	_____

TODAY I AM GRATEFUL FOR

_____

I WILL MAKE TOMORROW 1% BETTER BY

_____

___ /WEDNESDAY

TOP 3 PRIORITIES

○ _____

○ _____

○ _____

—	_____
—	_____
—	_____
—	_____
—	_____
—	_____
—	_____
—	_____
—	_____
—	_____
—	_____
—	_____
—	_____

TODAY I AM GRATEFUL FOR

_____

I WILL MAKE TOMORROW 1% BETTER BY

_____

___ /THURSDAY

TOP 3 PRIORITIES

○ _____

○ _____

○ _____

TODAY I AM GRATEFUL FOR

_____

I WILL MAKE TOMORROW 1% BETTER BY

_____

___ /FRIDAY

TOP 3 PRIORITIES

○ _____

○ _____

○ _____

TODAY I AM GRATEFUL FOR

_____

I WILL MAKE TOMORROW 1% BETTER BY

_____

___ /SATURDAY

TODAY I AM GRATEFUL FOR

___

___ /SUNDAY

TODAY I AM GRATEFUL FOR

___

REFLECTING BACK

THIS WEEK I FEEL MOST PROUD OF

Personal: ___

___

___

___

Professional/Educational: ___

___

___

___

MY FAVORITE THING THAT HAPPENED THIS WEEK WAS

___

___

___

___

___

___

___

___

MY OVERALL MOOD THIS WEEK WAS

Negative   Neutral   Positive

THE WEEK AHEAD

___ /MONDAY

TASKS
This week's to-dos:

○ _____
○ _____
○ _____
○ _____
○ _____
○ _____
○ _____
○ _____
○ _____
○ _____
○ _____
○ _____
○ _____
○ _____

TOP 3 PRIORITIES

○ _____
○ _____
○ _____

INTENTIONS
Hopes and dreams for the week:

_____
_____
_____
_____
_____
_____

TODAY I AM GRATEFUL FOR

_____

I WILL MAKE TOMORROW 1% BETTER BY

_____

___ /TUESDAY

TOP 3 PRIORITIES

○ _____

○ _____

○ _____

TODAY I AM GRATEFUL FOR

_____

I WILL MAKE TOMORROW 1% BETTER BY

_____

___ /WEDNESDAY

TOP 3 PRIORITIES

○ _____

○ _____

○ _____

TODAY I AM GRATEFUL FOR

_____

I WILL MAKE TOMORROW 1% BETTER BY

_____

___ /THURSDAY

TOP 3 PRIORITIES

○ _____

○ _____

○ _____

TODAY I AM GRATEFUL FOR

_____

I WILL MAKE TOMORROW 1% BETTER BY

_____

___ /FRIDAY

TOP 3 PRIORITIES

○ _____

○ _____

○ _____

TODAY I AM GRATEFUL FOR

_____

I WILL MAKE TOMORROW 1% BETTER BY

_____

___ /SATURDAY

TODAY I AM GRATEFUL FOR

___ /SUNDAY

TODAY I AM GRATEFUL FOR

REFLECTING BACK

THIS WEEK I FEEL MOST PROUD OF

Personal: _____

_____

_____

_____

Professional/Educational: _____

_____

_____

_____

MY FAVORITE THING THAT HAPPENED THIS WEEK WAS

MY OVERALL MOOD THIS WEEK WAS

Negative   Neutral   Positive

THE WEEK AHEAD

TASKS
This week's to-dos:

○ _____
○ _____
○ _____
○ _____
○ _____
○ _____
○ _____
○ _____
○ _____
○ _____
○ _____
○ _____
○ _____
○ _____

INTENTIONS
Hopes and dreams for the week:

_____

_____

_____

_____

_____

_____

___ /MONDAY

TOP 3 PRIORITIES

○ _____
○ _____
○ _____

TODAY I AM GRATEFUL FOR

_____

I WILL MAKE TOMORROW 1% BETTER BY

_____

___ /TUESDAY

TOP 3 PRIORITIES

○ _____

○ _____

○ _____

TODAY I AM GRATEFUL FOR

I WILL MAKE TOMORROW 1% BETTER BY

___ /WEDNESDAY

TOP 3 PRIORITIES

○ _____

○ _____

○ _____

TODAY I AM GRATEFUL FOR

I WILL MAKE TOMORROW 1% BETTER BY

____ /THURSDAY

TOP 3 PRIORITIES

○ _____

○ _____

○ _____

TODAY I AM GRATEFUL FOR

_____

I WILL MAKE TOMORROW 1% BETTER BY

_____

____ /FRIDAY

TOP 3 PRIORITIES

○ _____

○ _____

○ _____

TODAY I AM GRATEFUL FOR

_____

I WILL MAKE TOMORROW 1% BETTER BY

_____

___ /SATURDAY

TODAY I AM GRATEFUL FOR

___ /SUNDAY

TODAY I AM GRATEFUL FOR

REFLECTING BACK

THIS WEEK I FEEL MOST PROUD OF

Personal: _____

Professional/Educational: _____

MY FAVORITE THING THAT HAPPENED
THIS WEEK WAS

MY OVERALL MOOD THIS WEEK WAS

Negative   Neutral   Positive

THE WEEK AHEAD

TASKS
This week's to-dos:

- ◯ _____
- ◯ _____
- ◯ _____
- ◯ _____
- ◯ _____
- ◯ _____
- ◯ _____
- ◯ _____
- ◯ _____
- ◯ _____
- ◯ _____
- ◯ _____
- ◯ _____
- ◯ _____

INTENTIONS
Hopes and dreams for the week:

_____

_____

_____

_____

_____

_____

___ /MONDAY

TOP 3 PRIORITIES

- ◯ _____
- ◯ _____
- ◯ _____

TODAY I AM GRATEFUL FOR

_____

I WILL MAKE TOMORROW 1% BETTER BY

_____

___ /TUESDAY

TOP 3 PRIORITIES

○ _____

○ _____

○ _____

___ _____

___ _____

___ _____

___ _____

___ _____

___ _____

___ _____

___ _____

___ _____

___ _____

___ _____

___ _____

___ _____

TODAY I AM GRATEFUL FOR

_____

I WILL MAKE TOMORROW 1% BETTER BY

_____

___ /WEDNESDAY

TOP 3 PRIORITIES

○ _____

○ _____

○ _____

___ _____

___ _____

___ _____

___ _____

___ _____

___ _____

___ _____

___ _____

___ _____

___ _____

___ _____

___ _____

___ _____

TODAY I AM GRATEFUL FOR

_____

I WILL MAKE TOMORROW 1% BETTER BY

_____

___ /THURSDAY

TOP 3 PRIORITIES

○ _____

○ _____

○ _____

_____

TODAY I AM GRATEFUL FOR

_____

I WILL MAKE TOMORROW 1% BETTER BY

_____

___ /FRIDAY

TOP 3 PRIORITIES

○ _____

○ _____

○ _____

_____

TODAY I AM GRATEFUL FOR

_____

I WILL MAKE TOMORROW 1% BETTER BY

_____

____ /SATURDAY

TODAY I AM GRATEFUL FOR

____ /SUNDAY

TODAY I AM GRATEFUL FOR

REFLECTING BACK

THIS WEEK I FEEL MOST PROUD OF

Personal: _____

Professional/Educational: _____

MY FAVORITE THING THAT HAPPENED
THIS WEEK WAS

MY OVERALL MOOD THIS WEEK WAS

Negative   Neutral   Positive

___ /MONDAY

TOP 3 PRIORITIES

○ _____

○ _____

○ _____

TODAY I AM GRATEFUL FOR

_____

I WILL MAKE TOMORROW 1% BETTER BY

_____

___ /TUESDAY

TOP 3 PRIORITIES

○ _____

○ _____

○ _____

TODAY I AM GRATEFUL FOR

_____

I WILL MAKE TOMORROW 1% BETTER BY

_____

THIS MONTH'S LIST

List the unique events and activities you can add to your
calendar to look forward to in the month ahead that will make
you feel like you are living a more vibrant and fulfilling life.

_____

_____

_____

_____

_____

_____

_____

_____

_____

_____

_____

_____

_____

_____

_____

_____

_____

_____

_____

_____

MONTH AT A GLANCE

MON	TUE	WED
◯	◯	◯
◯	◯	◯
◯	◯	◯
◯	◯	◯
◯	◯	◯
◯	◯	◯

NOTES

THU	FRI	SAT	SUN
○	○	○	○
○	○	○	○
○	○	○	○
○	○	○	○
○	○	○	○
○	○	○	○

THE WEEK AHEAD

TASKS
This week's to-dos:

○ _____
○ _____
○ _____
○ _____
○ _____
○ _____
○ _____
○ _____
○ _____
○ _____
○ _____
○ _____
○ _____
○ _____

INTENTIONS
Hopes and dreams for the week:

_____
_____
_____
_____
_____
_____

___ /MONDAY

TOP 3 PRIORITIES

○ _____
○ _____
○ _____

TODAY I AM GRATEFUL FOR

_____

I WILL MAKE TOMORROW 1% BETTER BY

_____

___ /TUESDAY

TOP 3 PRIORITIES

◯ _____
◯ _____
◯ _____

___ /WEDNESDAY

TOP 3 PRIORITIES

◯ _____
◯ _____
◯ _____

TODAY I AM GRATEFUL FOR

_____

I WILL MAKE TOMORROW 1% BETTER BY

_____

TODAY I AM GRATEFUL FOR

_____

I WILL MAKE TOMORROW 1% BETTER BY

_____

____ /THURSDAY

TOP 3 PRIORITIES

○ _____

○ _____

○ _____

_____

TODAY I AM GRATEFUL FOR

_____

I WILL MAKE TOMORROW 1% BETTER BY

_____

____ /FRIDAY

TOP 3 PRIORITIES

○ _____

○ _____

○ _____

_____

TODAY I AM GRATEFUL FOR

_____

I WILL MAKE TOMORROW 1% BETTER BY

_____

___ /SATURDAY

TODAY I AM GRATEFUL FOR

___ /SUNDAY

TODAY I AM GRATEFUL FOR

REFLECTING BACK

THIS WEEK I FEEL MOST PROUD OF

Personal: _____

Professional/Educational: _____

MY FAVORITE THING THAT HAPPENED
THIS WEEK WAS

MY OVERALL MOOD THIS WEEK WAS

Negative   Neutral   Positive

THE WEEK AHEAD

____ /MONDAY

TASKS
This week's to-dos:

○ _____
○ _____
○ _____
○ _____
○ _____
○ _____
○ _____
○ _____
○ _____
○ _____
○ _____
○ _____
○ _____
○ _____

TOP 3 PRIORITIES

○ _____
○ _____
○ _____

INTENTIONS
Hopes and dreams for the week:

_____
_____
_____
_____
_____
_____

TODAY I AM GRATEFUL FOR

_____

I WILL MAKE TOMORROW 1% BETTER BY

_____

___ /TUESDAY

TOP 3 PRIORITIES

○ _____

○ _____

○ _____

TODAY I AM GRATEFUL FOR

_____

I WILL MAKE TOMORROW 1% BETTER BY

_____

___ /WEDNESDAY

TOP 3 PRIORITIES

○ _____

○ _____

○ _____

TODAY I AM GRATEFUL FOR

_____

I WILL MAKE TOMORROW 1% BETTER BY

_____

___ /THURSDAY

TOP 3 PRIORITIES

○ _____

○ _____

○ _____

TODAY I AM GRATEFUL FOR

_____

I WILL MAKE TOMORROW 1% BETTER BY

_____

___ /FRIDAY

TOP 3 PRIORITIES

○ _____

○ _____

○ _____

TODAY I AM GRATEFUL FOR

_____

I WILL MAKE TOMORROW 1% BETTER BY

_____

_____ /SATURDAY

TODAY I AM GRATEFUL FOR

_____ /SUNDAY

TODAY I AM GRATEFUL FOR

REFLECTING BACK

THIS WEEK I FEEL MOST PROUD OF

Personal: _____

_____

_____

_____

Professional/Educational: _____

_____

_____

_____

MY FAVORITE THING THAT HAPPENED
THIS WEEK WAS

MY OVERALL MOOD THIS WEEK WAS

Negative   Neutral   Positive

THE WEEK AHEAD

TASKS
This week's to-dos:

○ _____

○ _____

○ _____

○ _____

○ _____

○ _____

○ _____

○ _____

○ _____

○ _____

○ _____

○ _____

○ _____

○ _____

INTENTIONS
Hopes and dreams for the week:

_____

_____

_____

_____

_____

_____

___ /MONDAY

TOP 3 PRIORITIES

○ _____

○ _____

○ _____

TODAY I AM GRATEFUL FOR

_____

I WILL MAKE TOMORROW 1% BETTER BY

_____

___ /TUESDAY

TOP 3 PRIORITIES

○ _____

○ _____

○ _____

___ | _____
___ | _____
___ | _____
___ | _____
___ | _____
___ | _____
___ | _____
___ | _____
___ | _____
___ | _____
___ | _____
___ | _____
___ | _____

TODAY I AM GRATEFUL FOR

_____

I WILL MAKE TOMORROW 1% BETTER BY

_____

___ /WEDNESDAY

TOP 3 PRIORITIES

○ _____

○ _____

○ _____

___ | _____
___ | _____
___ | _____
___ | _____
___ | _____
___ | _____
___ | _____
___ | _____
___ | _____
___ | _____
___ | _____
___ | _____
___ | _____

TODAY I AM GRATEFUL FOR

_____

I WILL MAKE TOMORROW 1% BETTER BY

_____

___ /THURSDAY

TOP 3 PRIORITIES

○ _____

○ _____

○ _____

TODAY I AM GRATEFUL FOR

_____

I WILL MAKE TOMORROW 1% BETTER BY

_____

___ /FRIDAY

TOP 3 PRIORITIES

○ _____

○ _____

○ _____

TODAY I AM GRATEFUL FOR

_____

I WILL MAKE TOMORROW 1% BETTER BY

_____

___ /SATURDAY

TODAY I AM GRATEFUL FOR

___ /SUNDAY

TODAY I AM GRATEFUL FOR

REFLECTING BACK

THIS WEEK I FEEL MOST PROUD OF

Personal: _____

Professional/Educational: _____

MY FAVORITE THING THAT HAPPENED
THIS WEEK WAS

MY OVERALL MOOD THIS WEEK WAS

Negative   Neutral   Positive

THE WEEK AHEAD

____ /MONDAY

TASKS
This week's to-dos:

○ _____
○ _____
○ _____
○ _____
○ _____
○ _____
○ _____
○ _____
○ _____
○ _____
○ _____
○ _____
○ _____
○ _____

INTENTIONS
Hopes and dreams for the week:

_____

_____

_____

_____

_____

TOP 3 PRIORITIES

○ _____
○ _____
○ _____

TODAY I AM GRATEFUL FOR

_____

I WILL MAKE TOMORROW 1% BETTER BY

_____

___ /TUESDAY

TOP 3 PRIORITIES

○ _____

○ _____

○ _____

TODAY I AM GRATEFUL FOR

_____

I WILL MAKE TOMORROW 1% BETTER BY

_____

___ /WEDNESDAY

TOP 3 PRIORITIES

○ _____

○ _____

○ _____

TODAY I AM GRATEFUL FOR

_____

I WILL MAKE TOMORROW 1% BETTER BY

_____

____ /THURSDAY

TOP 3 PRIORITIES

○ _____

○ _____

○ _____

TODAY I AM GRATEFUL FOR

_____

I WILL MAKE TOMORROW 1% BETTER BY

_____

____ /FRIDAY

TOP 3 PRIORITIES

○ _____

○ _____

○ _____

TODAY I AM GRATEFUL FOR

_____

I WILL MAKE TOMORROW 1% BETTER BY

_____

___ /SATURDAY

TODAY I AM GRATEFUL FOR

___ /SUNDAY

TODAY I AM GRATEFUL FOR

REFLECTING BACK

THIS WEEK I FEEL MOST PROUD OF

Personal: _____

Professional/Educational: _____

MY FAVORITE THING THAT HAPPENED
THIS WEEK WAS

MY OVERALL MOOD THIS WEEK WAS

Negative   Neutral   Positive

THE WEEK AHEAD

____ /MONDAY

TASKS
This week's to-dos:

- ○ _____
- ○ _____
- ○ _____
- ○ _____
- ○ _____
- ○ _____
- ○ _____
- ○ _____
- ○ _____
- ○ _____
- ○ _____
- ○ _____
- ○ _____
- ○ _____

INTENTIONS
Hopes and dreams for the week:

_____

_____

_____

_____

_____

_____

TOP 3 PRIORITIES

- ○ _____
- ○ _____
- ○ _____

TODAY I AM GRATEFUL FOR

_____

I WILL MAKE TOMORROW 1% BETTER BY

_____

____ /TUESDAY

TOP 3 PRIORITIES

◯ _____

◯ _____

◯ _____

TODAY I AM GRATEFUL FOR

_____

I WILL MAKE TOMORROW 1% BETTER BY

_____

____ /WEDNESDAY

TOP 3 PRIORITIES

◯ _____

◯ _____

◯ _____

TODAY I AM GRATEFUL FOR

_____

I WILL MAKE TOMORROW 1% BETTER BY

_____

___ /THURSDAY

TOP 3 PRIORITIES

○ _____

○ _____

○ _____

TODAY I AM GRATEFUL FOR

_____

I WILL MAKE TOMORROW 1% BETTER BY

_____

___ /FRIDAY

TOP 3 PRIORITIES

○ _____

○ _____

○ _____

TODAY I AM GRATEFUL FOR

_____

I WILL MAKE TOMORROW 1% BETTER BY

_____

___ /SATURDAY

TODAY I AM GRATEFUL FOR

___ /SUNDAY

TODAY I AM GRATEFUL FOR

REFLECTING BACK

THIS WEEK I FEEL MOST PROUD OF

Personal: _____

Professional/Educational: _____

MY FAVORITE THING THAT HAPPENED
THIS WEEK WAS

MY OVERALL MOOD THIS WEEK WAS

Negative   Neutral   Positive

___ /MONDAY

TOP 3 PRIORITIES

○ _____

○ _____

○ _____

TODAY I AM GRATEFUL FOR

_____

I WILL MAKE TOMORROW 1% BETTER BY

_____

___ /TUESDAY

TOP 3 PRIORITIES

○ _____

○ _____

○ _____

TODAY I AM GRATEFUL FOR

_____

I WILL MAKE TOMORROW 1% BETTER BY

_____

THIS MONTH'S LIST

How did self-care and things you really wanted to do stack up in your day-to-day priorities last month? List the things you want to do for yourself this month and ways to prioritize them. What could drop off your to-do list to make room for you?

_____

_____

_____

_____

_____

_____

_____

_____

_____

_____

_____

_____

_____

_____

_____

_____

_____

_____

_____

_____

_____

_____

_____

_____

MONTH AT A GLANCE

MON	TUE	WED
◯	◯	◯
◯	◯	◯
◯	◯	◯
◯	◯	◯
◯	◯	◯
◯	◯	◯

NOTES

THU	FRI	SAT	SUN
○	○	○	○ 
○	○	○	○
○	○	○	○
○	○	○	○
○	○	○	○
○	○	○	○

THE WEEK AHEAD

TASKS
This week's to-dos:

○ _____
○ _____
○ _____
○ _____
○ _____
○ _____
○ _____
○ _____
○ _____
○ _____
○ _____
○ _____
○ _____
○ _____

INTENTIONS
Hopes and dreams for the week:

_____
_____
_____
_____
_____
_____

____ /MONDAY

TOP 3 PRIORITIES

○ _____
○ _____
○ _____

TODAY I AM GRATEFUL FOR

_____

I WILL MAKE TOMORROW 1% BETTER BY

_____

___ /TUESDAY

TOP 3 PRIORITIES

○ _____

○ _____

○ _____

TODAY I AM GRATEFUL FOR

_____

I WILL MAKE TOMORROW 1% BETTER BY

_____

___ /WEDNESDAY

TOP 3 PRIORITIES

○ _____

○ _____

○ _____

TODAY I AM GRATEFUL FOR

_____

I WILL MAKE TOMORROW 1% BETTER BY

_____

____ /THURSDAY

TOP 3 PRIORITIES

○ _____

○ _____

○ _____

TODAY I AM GRATEFUL FOR

_____

I WILL MAKE TOMORROW 1% BETTER BY

_____

____ /FRIDAY

TOP 3 PRIORITIES

○ _____

○ _____

○ _____

TODAY I AM GRATEFUL FOR

_____

I WILL MAKE TOMORROW 1% BETTER BY

_____

___ /SATURDAY

TODAY I AM GRATEFUL FOR

___ /SUNDAY

TODAY I AM GRATEFUL FOR

REFLECTING BACK

THIS WEEK I FEEL MOST PROUD OF

Personal: _____

_____

_____

_____

Professional/Educational: _____

_____

_____

_____

MY FAVORITE THING THAT HAPPENED
THIS WEEK WAS

MY OVERALL MOOD THIS WEEK WAS

Negative   Neutral   Positive

THE WEEK AHEAD

____ /MONDAY

TASKS
This week's to-dos:

○ _____
○ _____
○ _____
○ _____
○ _____
○ _____
○ _____
○ _____
○ _____
○ _____
○ _____
○ _____
○ _____
○ _____

TOP 3 PRIORITIES

○ _____
○ _____
○ _____

INTENTIONS
Hopes and dreams for the week:

_____
_____
_____
_____
_____
_____

TODAY I AM GRATEFUL FOR

_____

I WILL MAKE TOMORROW 1% BETTER BY

_____

___ /TUESDAY

TOP 3 PRIORITIES

○ _____

○ _____

○ _____

TODAY I AM GRATEFUL FOR

_____

I WILL MAKE TOMORROW 1% BETTER BY

_____

___ /WEDNESDAY

TOP 3 PRIORITIES

○ _____

○ _____

○ _____

TODAY I AM GRATEFUL FOR

_____

I WILL MAKE TOMORROW 1% BETTER BY

_____

___ /THURSDAY

TOP 3 PRIORITIES

○ _____

○ _____

○ _____

TODAY I AM GRATEFUL FOR

_____

I WILL MAKE TOMORROW 1% BETTER BY

_____

___ /FRIDAY

TOP 3 PRIORITIES

○ _____

○ _____

○ _____

TODAY I AM GRATEFUL FOR

_____

I WILL MAKE TOMORROW 1% BETTER BY

_____

___ /SATURDAY

TODAY I AM GRATEFUL FOR

___ /SUNDAY

TODAY I AM GRATEFUL FOR

REFLECTING BACK

THIS WEEK I FEEL MOST PROUD OF

Personal: _____

_____

_____

_____

Professional/Educational: _____

_____

_____

_____

MY FAVORITE THING THAT HAPPENED
THIS WEEK WAS

_____

_____

_____

_____

_____

_____

_____

_____

MY OVERALL MOOD THIS WEEK WAS

Negative   Neutral   Positive

THE WEEK AHEAD

TASKS
This week's to-dos:

- ○ _____
- ○ _____
- ○ _____
- ○ _____
- ○ _____
- ○ _____
- ○ _____
- ○ _____
- ○ _____
- ○ _____
- ○ _____
- ○ _____
- ○ _____
- ○ _____

INTENTIONS
Hopes and dreams for the week:

_____

_____

_____

_____

_____

____ /MONDAY

TOP 3 PRIORITIES

- ○ _____
- ○ _____
- ○ _____

TODAY I AM GRATEFUL FOR

_____

I WILL MAKE TOMORROW 1% BETTER BY

_____

___ /TUESDAY

TOP 3 PRIORITIES

○ _____

○ _____

○ _____

TODAY I AM GRATEFUL FOR

_____

I WILL MAKE TOMORROW 1% BETTER BY

_____

___ /WEDNESDAY

TOP 3 PRIORITIES

○ _____

○ _____

○ _____

TODAY I AM GRATEFUL FOR

_____

I WILL MAKE TOMORROW 1% BETTER BY

_____

___ /THURSDAY

TOP 3 PRIORITIES

○ _____

○ _____

○ _____

_____

TODAY I AM GRATEFUL FOR

_____

I WILL MAKE TOMORROW 1% BETTER BY

_____

___ /FRIDAY

TOP 3 PRIORITIES

○ _____

○ _____

○ _____

_____

TODAY I AM GRATEFUL FOR

_____

I WILL MAKE TOMORROW 1% BETTER BY

_____

___ /SATURDAY

TODAY I AM GRATEFUL FOR

___ /SUNDAY

TODAY I AM GRATEFUL FOR

REFLECTING BACK

THIS WEEK I FEEL MOST PROUD OF

Personal: _____

Professional/Educational: _____

MY FAVORITE THING THAT HAPPENED THIS WEEK WAS

MY OVERALL MOOD THIS WEEK WAS

Negative   Neutral   Positive

THE WEEK AHEAD

____ /MONDAY

TASKS
This week's to-dos:

- ○ _____
- ○ _____
- ○ _____
- ○ _____
- ○ _____
- ○ _____
- ○ _____
- ○ _____
- ○ _____
- ○ _____
- ○ _____
- ○ _____
- ○ _____
- ○ _____

INTENTIONS
Hopes and dreams for the week:

_____

_____

_____

_____

_____

TOP 3 PRIORITIES

- ○ _____
- ○ _____
- ○ _____

TODAY I AM GRATEFUL FOR

_____

I WILL MAKE TOMORROW 1% BETTER BY

_____

___ /TUESDAY

TOP 3 PRIORITIES

○ _____

○ _____

○ _____

TODAY I AM GRATEFUL FOR

_____

I WILL MAKE TOMORROW 1% BETTER BY

_____

___ /WEDNESDAY

TOP 3 PRIORITIES

○ _____

○ _____

○ _____

TODAY I AM GRATEFUL FOR

_____

I WILL MAKE TOMORROW 1% BETTER BY

_____

___ /THURSDAY

TOP 3 PRIORITIES

○ _____

○ _____

○ _____

TODAY I AM GRATEFUL FOR

_____

I WILL MAKE TOMORROW 1% BETTER BY

_____

___ /FRIDAY

TOP 3 PRIORITIES

○ _____

○ _____

○ _____

TODAY I AM GRATEFUL FOR

_____

I WILL MAKE TOMORROW 1% BETTER BY

_____

___ /SATURDAY

TODAY I AM GRATEFUL FOR

___ /SUNDAY

TODAY I AM GRATEFUL FOR

REFLECTING BACK

THIS WEEK I FEEL MOST PROUD OF

Personal: _____

_____

_____

_____

Professional/Educational: _____

_____

_____

_____

MY FAVORITE THING THAT HAPPENED
THIS WEEK WAS

MY OVERALL MOOD THIS WEEK WAS

Negative   Neutral   Positive

THE WEEK AHEAD

____ /MONDAY

TASKS
This week's to-dos:

○ _____

○ _____

○ _____

○ _____

○ _____

○ _____

○ _____

○ _____

○ _____

○ _____

○ _____

○ _____

○ _____

○ _____

INTENTIONS
Hopes and dreams for the week:

_____

_____

_____

_____

_____

TOP 3 PRIORITIES

○ _____

○ _____

○ _____

TODAY I AM GRATEFUL FOR

_____

I WILL MAKE TOMORROW 1% BETTER BY

_____

___ /TUESDAY

TOP 3 PRIORITIES

○ _____

○ _____

○ _____

TODAY I AM GRATEFUL FOR

_____

I WILL MAKE TOMORROW 1% BETTER BY

_____

___ /WEDNESDAY

TOP 3 PRIORITIES

○ _____

○ _____

○ _____

TODAY I AM GRATEFUL FOR

_____

I WILL MAKE TOMORROW 1% BETTER BY

_____

____ /THURSDAY

TOP 3 PRIORITIES

○ _____

○ _____

○ _____

TODAY I AM GRATEFUL FOR

_____

I WILL MAKE TOMORROW 1% BETTER BY

_____

____ /FRIDAY

TOP 3 PRIORITIES

○ _____

○ _____

○ _____

TODAY I AM GRATEFUL FOR

_____

I WILL MAKE TOMORROW 1% BETTER BY

_____

___ /SATURDAY

TODAY I AM GRATEFUL FOR

___ /SUNDAY

TODAY I AM GRATEFUL FOR

REFLECTING BACK

THIS WEEK I FEEL MOST PROUD OF

Personal: _____

Professional/Educational: _____

MY FAVORITE THING THAT HAPPENED
THIS WEEK WAS

MY OVERALL MOOD THIS WEEK WAS

Negative   Neutral   Positive

___ /MONDAY

TOP 3 PRIORITIES

○ _____

○ _____

○ _____

_____

TODAY I AM GRATEFUL FOR

_____

I WILL MAKE TOMORROW 1% BETTER BY

_____

___ /TUESDAY

TOP 3 PRIORITIES

○ _____

○ _____

○ _____

_____

TODAY I AM GRATEFUL FOR

_____

I WILL MAKE TOMORROW 1% BETTER BY

_____

THIS MONTH'S LIST

List the tasks and projects that would still feel good to
cross off your list even if they don't get done perfectly.

_____

_____

_____

_____

_____

_____

_____

_____

_____

_____

_____

_____

_____

_____

_____

_____

_____

_____

_____

_____

_____

_____

MONTH AT A GLANCE

	MON	TUE	WED
	◯	◯	◯
	◯	◯	◯
	◯	◯	◯
	◯	◯	◯
	◯	◯	◯
	◯	◯	◯

NOTES

THU	FRI	SAT	SUN
○	○	○	○
○	○	○	○
○	○	○	○
○	○	○	○
○	○	○	○
○	○	○	○

THE WEEK AHEAD

TASKS
This week's to-dos:

- ○ _____
- ○ _____
- ○ _____
- ○ _____
- ○ _____
- ○ _____
- ○ _____
- ○ _____
- ○ _____
- ○ _____
- ○ _____
- ○ _____
- ○ _____
- ○ _____

INTENTIONS
Hopes and dreams for the week:

_____

_____

_____

_____

_____

_____

___ /MONDAY

TOP 3 PRIORITIES

- ○ _____
- ○ _____
- ○ _____

TODAY I AM GRATEFUL FOR

_____

I WILL MAKE TOMORROW 1% BETTER BY

_____

___ /TUESDAY

TOP 3 PRIORITIES

○ _____

○ _____

○ _____

___ _____
___ _____
___ _____
___ _____
___ _____
___ _____
___ _____
___ _____
___ _____
___ _____
___ _____
___ _____
___ _____

TODAY I AM GRATEFUL FOR

_____

I WILL MAKE TOMORROW 1% BETTER BY

_____

___ /WEDNESDAY

TOP 3 PRIORITIES

○ _____

○ _____

○ _____

___ _____
___ _____
___ _____
___ _____
___ _____
___ _____
___ _____
___ _____
___ _____
___ _____
___ _____
___ _____
___ _____

TODAY I AM GRATEFUL FOR

_____

I WILL MAKE TOMORROW 1% BETTER BY

_____

___ /THURSDAY

TOP 3 PRIORITIES

○ _____

○ _____

○ _____

TODAY I AM GRATEFUL FOR

_____

I WILL MAKE TOMORROW 1% BETTER BY

_____

___ /FRIDAY

TOP 3 PRIORITIES

○ _____

○ _____

○ _____

TODAY I AM GRATEFUL FOR

_____

I WILL MAKE TOMORROW 1% BETTER BY

_____

____ /SATURDAY

TODAY I AM GRATEFUL FOR

____ /SUNDAY

TODAY I AM GRATEFUL FOR

REFLECTING BACK

THIS WEEK I FEEL MOST PROUD OF

Personal: _____

_____

_____

Professional/Educational: _____

_____

_____

MY FAVORITE THING THAT HAPPENED
THIS WEEK WAS

MY OVERALL MOOD THIS WEEK WAS

Negative   Neutral   Positive

THE WEEK AHEAD

TASKS
This week's to-dos:

○ _____
○ _____
○ _____
○ _____
○ _____
○ _____
○ _____
○ _____
○ _____
○ _____
○ _____
○ _____
○ _____
○ _____

INTENTIONS
Hopes and dreams for the week:

_____
_____
_____
_____
_____

____ /MONDAY

TOP 3 PRIORITIES

○ _____
○ _____
○ _____

TODAY I AM GRATEFUL FOR

_____

I WILL MAKE TOMORROW 1% BETTER BY

_____

___ /TUESDAY

TOP 3 PRIORITIES

○ _____

○ _____

○ _____

_____
_____
_____
_____
_____
_____
_____
_____
_____
_____
_____
_____
_____
_____
_____

TODAY I AM GRATEFUL FOR

_____

I WILL MAKE TOMORROW 1% BETTER BY

_____

___ /WEDNESDAY

TOP 3 PRIORITIES

○ _____

○ _____

○ _____

_____
_____
_____
_____
_____
_____
_____
_____
_____
_____
_____
_____
_____
_____
_____

TODAY I AM GRATEFUL FOR

_____

I WILL MAKE TOMORROW 1% BETTER BY

_____

___ /THURSDAY

TOP 3 PRIORITIES

○ _____
○ _____
○ _____

TODAY I AM GRATEFUL FOR

_____

I WILL MAKE TOMORROW 1% BETTER BY

_____

___ /FRIDAY

TOP 3 PRIORITIES

○ _____
○ _____
○ _____

TODAY I AM GRATEFUL FOR

_____

I WILL MAKE TOMORROW 1% BETTER BY

_____

___ /SATURDAY

TODAY I AM GRATEFUL FOR

___

___ /SUNDAY

TODAY I AM GRATEFUL FOR

___

REFLECTING BACK

THIS WEEK I FEEL MOST PROUD OF

Personal: ___

___

___

___

Professional/Educational: ___

___

___

___

MY FAVORITE THING THAT HAPPENED
THIS WEEK WAS

MY OVERALL MOOD THIS WEEK WAS

Negative   Neutral   Positive

THE WEEK AHEAD

TASKS
This week's to-dos:

○ _____
○ _____
○ _____
○ _____
○ _____
○ _____
○ _____
○ _____
○ _____
○ _____
○ _____
○ _____
○ _____
○ _____

INTENTIONS
Hopes and dreams for the week:

_____
_____
_____
_____
_____
_____

____ /MONDAY

TOP 3 PRIORITIES

○ _____
○ _____
○ _____

TODAY I AM GRATEFUL FOR

_____

I WILL MAKE TOMORROW 1% BETTER BY

_____

___ /TUESDAY

TOP 3 PRIORITIES

○ _____

○ _____

○ _____

TODAY I AM GRATEFUL FOR

_____

I WILL MAKE TOMORROW 1% BETTER BY

_____

___ /WEDNESDAY

TOP 3 PRIORITIES

○ _____

○ _____

○ _____

TODAY I AM GRATEFUL FOR

_____

I WILL MAKE TOMORROW 1% BETTER BY

_____

___ /THURSDAY

TOP 3 PRIORITIES

○ _____

○ _____

○ _____

TODAY I AM GRATEFUL FOR

_____

I WILL MAKE TOMORROW 1% BETTER BY

_____

___ /FRIDAY

TOP 3 PRIORITIES

○ _____

○ _____

○ _____

TODAY I AM GRATEFUL FOR

_____

I WILL MAKE TOMORROW 1% BETTER BY

_____

_____ /SATURDAY

_____ _____
_____ _____
_____ _____
_____ _____
_____ _____
_____ _____
_____ _____
_____ _____
_____ _____
_____ _____

TODAY I AM GRATEFUL FOR

_____

_____ /SUNDAY

_____ _____
_____ _____
_____ _____
_____ _____
_____ _____
_____ _____
_____ _____
_____ _____
_____ _____
_____ _____

TODAY I AM GRATEFUL FOR

_____

REFLECTING BACK

THIS WEEK I FEEL MOST PROUD OF

Personal: _____

_____

_____

_____

Professional/Educational: _____

_____

_____

_____

MY FAVORITE THING THAT HAPPENED
THIS WEEK WAS

_____

_____

_____

_____

_____

_____

_____

_____

_____

MY OVERALL MOOD THIS WEEK WAS

Negative   Neutral   Positive

THE WEEK AHEAD

_____ /MONDAY

TASKS
This week's to-dos:

- ◯ _____
- ◯ _____
- ◯ _____
- ◯ _____
- ◯ _____
- ◯ _____
- ◯ _____
- ◯ _____
- ◯ _____
- ◯ _____
- ◯ _____
- ◯ _____
- ◯ _____
- ◯ _____

TOP 3 PRIORITIES

- ◯ _____
- ◯ _____
- ◯ _____

INTENTIONS
Hopes and dreams for the week:

_____

_____

_____

_____

_____

TODAY I AM GRATEFUL FOR

_____

I WILL MAKE TOMORROW 1% BETTER BY

_____

___ /TUESDAY

TOP 3 PRIORITIES

○ _____

○ _____

○ _____

TODAY I AM GRATEFUL FOR

_____

I WILL MAKE TOMORROW 1% BETTER BY

_____

___ /WEDNESDAY

TOP 3 PRIORITIES

○ _____

○ _____

○ _____

TODAY I AM GRATEFUL FOR

_____

I WILL MAKE TOMORROW 1% BETTER BY

_____

_____ /THURSDAY

TOP 3 PRIORITIES

○ _____
○ _____
○ _____

_____ /FRIDAY

TOP 3 PRIORITIES

○ _____
○ _____
○ _____

TODAY I AM GRATEFUL FOR

_____

I WILL MAKE TOMORROW 1% BETTER BY

_____

TODAY I AM GRATEFUL FOR

_____

I WILL MAKE TOMORROW 1% BETTER BY

_____

___ /SATURDAY

TODAY I AM GRATEFUL FOR

___ /SUNDAY

TODAY I AM GRATEFUL FOR

REFLECTING BACK

THIS WEEK I FEEL MOST PROUD OF

Personal: _____

Professional/Educational: _____

MY FAVORITE THING THAT HAPPENED
THIS WEEK WAS

MY OVERALL MOOD THIS WEEK WAS

Negative   Neutral   Positive

THE WEEK AHEAD

_____ /MONDAY

TASKS
This week's to-dos:

○ _____

○ _____

○ _____

○ _____

○ _____

○ _____

○ _____

○ _____

○ _____

○ _____

○ _____

○ _____

○ _____

○ _____

TOP 3 PRIORITIES

○ _____

○ _____

○ _____

INTENTIONS
Hopes and dreams for the week:

_____

_____

_____

_____

_____

TODAY I AM GRATEFUL FOR

_____

I WILL MAKE TOMORROW 1% BETTER BY

_____

___ /TUESDAY

TOP 3 PRIORITIES

○ _____

○ _____

○ _____

TODAY I AM GRATEFUL FOR

_____

I WILL MAKE TOMORROW 1% BETTER BY

_____

___ /WEDNESDAY

TOP 3 PRIORITIES

○ _____

○ _____

○ _____

TODAY I AM GRATEFUL FOR

_____

I WILL MAKE TOMORROW 1% BETTER BY

_____

____ /THURSDAY

TOP 3 PRIORITIES

○ _____

○ _____

○ _____

TODAY I AM GRATEFUL FOR

_____

I WILL MAKE TOMORROW 1% BETTER BY

_____

____ /FRIDAY

TOP 3 PRIORITIES

○ _____

○ _____

○ _____

TODAY I AM GRATEFUL FOR

_____

I WILL MAKE TOMORROW 1% BETTER BY

_____

____ /SATURDAY

TODAY I AM GRATEFUL FOR

____ /SUNDAY

TODAY I AM GRATEFUL FOR

REFLECTING BACK

THIS WEEK I FEEL MOST PROUD OF

Personal: _____

Professional/Educational: _____

MY FAVORITE THING THAT HAPPENED THIS WEEK WAS

MY OVERALL MOOD THIS WEEK WAS

Negative   Neutral   Positive

___ /MONDAY

TOP 3 PRIORITIES

○ _____
○ _____
○ _____

___|_____
___|_____
___|_____
___|_____
___|_____
___|_____
___|_____
___|_____
___|_____
___|_____
___|_____

TODAY I AM GRATEFUL FOR

_____

I WILL MAKE TOMORROW 1% BETTER BY

_____

___ /TUESDAY

TOP 3 PRIORITIES

○ _____
○ _____
○ _____

___|_____
___|_____
___|_____
___|_____
___|_____
___|_____
___|_____
___|_____
___|_____
___|_____
___|_____

TODAY I AM GRATEFUL FOR

_____

I WILL MAKE TOMORROW 1% BETTER BY

_____

THIS MONTH'S LIST

List the things you love about your life at the present moment. What are some ways you can cherish and take care of what you currently have?

_____

_____

_____

_____

_____

_____

_____

_____

_____

_____

_____

_____

_____

_____

_____

_____

_____

_____

_____

_____

_____

_____

_____

MONTH AT A GLANCE

MON	TUE	WED
◯	◯	◯
◯	◯	◯
◯	◯	◯
◯	◯	◯
◯	◯	◯
◯	◯	◯

NOTES

THU	FRI	SAT	SUN
○	○	○	○
○	○	○	○
○	○	○	○
○	○	○	○
○	○	○	○
○	○	○	○

THE WEEK AHEAD

TASKS
This week's to-dos:

- ○ _____
- ○ _____
- ○ _____
- ○ _____
- ○ _____
- ○ _____
- ○ _____
- ○ _____
- ○ _____
- ○ _____
- ○ _____
- ○ _____
- ○ _____
- ○ _____

INTENTIONS
Hopes and dreams for the week:

_____

_____

_____

_____

_____

____ /MONDAY

TOP 3 PRIORITIES

- ○ _____
- ○ _____
- ○ _____

TODAY I AM GRATEFUL FOR

_____

I WILL MAKE TOMORROW 1% BETTER BY

_____

____ /TUESDAY

TOP 3 PRIORITIES

○ _____

○ _____

○ _____

TODAY I AM GRATEFUL FOR

_____

I WILL MAKE TOMORROW 1% BETTER BY

_____

____ /WEDNESDAY

TOP 3 PRIORITIES

○ _____

○ _____

○ _____

TODAY I AM GRATEFUL FOR

_____

I WILL MAKE TOMORROW 1% BETTER BY

_____

___ /THURSDAY

TOP 3 PRIORITIES

◯ _____

◯ _____

◯ _____

TODAY I AM GRATEFUL FOR

_____

I WILL MAKE TOMORROW 1% BETTER BY

_____

___ /FRIDAY

TOP 3 PRIORITIES

◯ _____

◯ _____

◯ _____

TODAY I AM GRATEFUL FOR

_____

I WILL MAKE TOMORROW 1% BETTER BY

_____

___ /SATURDAY

TODAY I AM GRATEFUL FOR

___ /SUNDAY

TODAY I AM GRATEFUL FOR

REFLECTING BACK

THIS WEEK I FEEL MOST PROUD OF

Personal: _____

_____

_____

_____

Professional/Educational: _____

_____

_____

_____

MY FAVORITE THING THAT HAPPENED
THIS WEEK WAS

MY OVERALL MOOD THIS WEEK WAS

Negative   Neutral   Positive

THE WEEK AHEAD

TASKS
This week's to-dos:

○ _____
○ _____
○ _____
○ _____
○ _____
○ _____
○ _____
○ _____
○ _____
○ _____
○ _____
○ _____
○ _____
○ _____
○ _____

INTENTIONS
Hopes and dreams for the week:

_____
_____
_____
_____
_____
_____

____ /MONDAY

TOP 3 PRIORITIES

○ _____
○ _____
○ _____

TODAY I AM GRATEFUL FOR

_____

I WILL MAKE TOMORROW 1% BETTER BY

_____

____ /TUESDAY

TOP 3 PRIORITIES

○ _____

○ _____

○ _____

TODAY I AM GRATEFUL FOR

_____

I WILL MAKE TOMORROW 1% BETTER BY

_____

____ /WEDNESDAY

TOP 3 PRIORITIES

○ _____

○ _____

○ _____

TODAY I AM GRATEFUL FOR

_____

I WILL MAKE TOMORROW 1% BETTER BY

_____

___ /THURSDAY

TOP 3 PRIORITIES

○ _____
○ _____
○ _____

TODAY I AM GRATEFUL FOR

_____

I WILL MAKE TOMORROW 1% BETTER BY

_____

___ /FRIDAY

TOP 3 PRIORITIES

○ _____
○ _____
○ _____

TODAY I AM GRATEFUL FOR

_____

I WILL MAKE TOMORROW 1% BETTER BY

_____

____ /SATURDAY

TODAY I AM GRATEFUL FOR

____ /SUNDAY

TODAY I AM GRATEFUL FOR

REFLECTING BACK

THIS WEEK I FEEL MOST PROUD OF

Personal: _____

Professional/Educational: _____

MY FAVORITE THING THAT HAPPENED
THIS WEEK WAS

MY OVERALL MOOD THIS WEEK WAS

Negative   Neutral   Positive

THE WEEK AHEAD

TASKS
This week's to-dos:

◯ _____
◯ _____
◯ _____
◯ _____
◯ _____
◯ _____
◯ _____
◯ _____
◯ _____
◯ _____
◯ _____
◯ _____
◯ _____
◯ _____

INTENTIONS
Hopes and dreams for the week:

_____
_____
_____
_____
_____
_____

____ /MONDAY

TOP 3 PRIORITIES

◯ _____
◯ _____
◯ _____

TODAY I AM GRATEFUL FOR

_____

I WILL MAKE TOMORROW 1% BETTER BY

_____

_____ /TUESDAY

TOP 3 PRIORITIES

○ _____

○ _____

○ _____

TODAY I AM GRATEFUL FOR

_____

I WILL MAKE TOMORROW 1% BETTER BY

_____

_____ /WEDNESDAY

TOP 3 PRIORITIES

○ _____

○ _____

○ _____

TODAY I AM GRATEFUL FOR

_____

I WILL MAKE TOMORROW 1% BETTER BY

_____

___ /THURSDAY

TOP 3 PRIORITIES

○ _____

○ _____

○ _____

TODAY I AM GRATEFUL FOR

_____

I WILL MAKE TOMORROW 1% BETTER BY

_____

___ /FRIDAY

TOP 3 PRIORITIES

○ _____

○ _____

○ _____

TODAY I AM GRATEFUL FOR

_____

I WILL MAKE TOMORROW 1% BETTER BY

_____

___ /SATURDAY

TODAY I AM GRATEFUL FOR

_____

___ /SUNDAY

TODAY I AM GRATEFUL FOR

_____

REFLECTING BACK

THIS WEEK I FEEL MOST PROUD OF

Personal: _____

_____

_____

_____

Professional/Educational: _____

_____

_____

_____

MY FAVORITE THING THAT HAPPENED THIS WEEK WAS

_____

_____

_____

_____

_____

_____

_____

_____

MY OVERALL MOOD THIS WEEK WAS

Negative   Neutral   Positive

THE WEEK AHEAD

____ /MONDAY

TASKS
This week's to-dos:

○ _____
○ _____
○ _____
○ _____
○ _____
○ _____
○ _____
○ _____
○ _____
○ _____
○ _____
○ _____
○ _____
○ _____

TOP 3 PRIORITIES

○ _____
○ _____
○ _____

INTENTIONS
Hopes and dreams for the week:

_____
_____
_____
_____
_____
_____

TODAY I AM GRATEFUL FOR

_____

I WILL MAKE TOMORROW 1% BETTER BY

_____

____ /TUESDAY

TOP 3 PRIORITIES

- ○ _____
- ○ _____
- ○ _____

TODAY I AM GRATEFUL FOR

_____

I WILL MAKE TOMORROW 1% BETTER BY

_____

____ /WEDNESDAY

TOP 3 PRIORITIES

- ○ _____
- ○ _____
- ○ _____

TODAY I AM GRATEFUL FOR

_____

I WILL MAKE TOMORROW 1% BETTER BY

_____

___ /THURSDAY

TOP 3 PRIORITIES

○ _____

○ _____

○ _____

TODAY I AM GRATEFUL FOR

_____

I WILL MAKE TOMORROW 1% BETTER BY

_____

___ /FRIDAY

TOP 3 PRIORITIES

○ _____

○ _____

○ _____

TODAY I AM GRATEFUL FOR

_____

I WILL MAKE TOMORROW 1% BETTER BY

_____

____ /SATURDAY

TODAY I AM GRATEFUL FOR

____ /SUNDAY

TODAY I AM GRATEFUL FOR

REFLECTING BACK

THIS WEEK I FEEL MOST PROUD OF

Personal: _____

Professional/Educational: _____

MY FAVORITE THING THAT HAPPENED
THIS WEEK WAS

MY OVERALL MOOD THIS WEEK WAS

Negative   Neutral   Positive

THE WEEK AHEAD

TASKS
This week's to-dos:

- ○ _____
- ○ _____
- ○ _____
- ○ _____
- ○ _____
- ○ _____
- ○ _____
- ○ _____
- ○ _____
- ○ _____
- ○ _____
- ○ _____
- ○ _____
- ○ _____

INTENTIONS
Hopes and dreams for the week:

_____

_____

_____

_____

_____

_____

____ /MONDAY

TOP 3 PRIORITIES

- ○ _____
- ○ _____
- ○ _____

TODAY I AM GRATEFUL FOR

_____

I WILL MAKE TOMORROW 1% BETTER BY

_____

____ /TUESDAY

TOP 3 PRIORITIES

○ _____

○ _____

○ _____

TODAY I AM GRATEFUL FOR

_____

I WILL MAKE TOMORROW 1% BETTER BY

_____

____ /WEDNESDAY

TOP 3 PRIORITIES

○ _____

○ _____

○ _____

TODAY I AM GRATEFUL FOR

_____

I WILL MAKE TOMORROW 1% BETTER BY

_____

___ /THURSDAY

TOP 3 PRIORITIES

○ _____

○ _____

○ _____

TODAY I AM GRATEFUL FOR

_____

I WILL MAKE TOMORROW 1% BETTER BY

_____

___ /FRIDAY

TOP 3 PRIORITIES

○ _____

○ _____

○ _____

TODAY I AM GRATEFUL FOR

_____

I WILL MAKE TOMORROW 1% BETTER BY

_____

___ /SATURDAY

TODAY I AM GRATEFUL FOR

___ /SUNDAY

TODAY I AM GRATEFUL FOR

REFLECTING BACK

THIS WEEK I FEEL MOST PROUD OF

Personal: _____

Professional/Educational: _____

MY FAVORITE THING THAT HAPPENED
THIS WEEK WAS

MY OVERALL MOOD THIS WEEK WAS

Negative   Neutral   Positive

___ /MONDAY

TOP 3 PRIORITIES

○ _____

○ _____

○ _____

TODAY I AM GRATEFUL FOR

_____

I WILL MAKE TOMORROW 1% BETTER BY

_____

___ /TUESDAY

TOP 3 PRIORITIES

○ _____

○ _____

○ _____

TODAY I AM GRATEFUL FOR

_____

I WILL MAKE TOMORROW 1% BETTER BY

_____

THIS MONTH'S LIST

List ways you can *invest* your time in things that bring
value to your life rather than *spend* time on things that
deplete you this month.

MONTH AT A GLANCE

MON	TUE	WED
◯	◯	◯
◯	◯	◯
◯	◯	◯
◯	◯	◯
◯	◯	◯
◯	◯	◯

NOTES

THU	FRI	SAT	SUN
○	○	○	○
○	○	○	○
○	○	○	○
○	○	○	○
○	○	○	○
○	○	○	○

THE WEEK AHEAD

TASKS
This week's to-dos:

○ _____
○ _____
○ _____
○ _____
○ _____
○ _____
○ _____
○ _____
○ _____
○ _____
○ _____
○ _____
○ _____
○ _____

INTENTIONS
Hopes and dreams for the week:

_____
_____
_____
_____
_____

____ /MONDAY

TOP 3 PRIORITIES

○ _____
○ _____
○ _____

TODAY I AM GRATEFUL FOR

_____

I WILL MAKE TOMORROW 1% BETTER BY

_____

___ /TUESDAY

TOP 3 PRIORITIES

○ _____

○ _____

○ _____

TODAY I AM GRATEFUL FOR

_____

I WILL MAKE TOMORROW 1% BETTER BY

_____

___ /WEDNESDAY

TOP 3 PRIORITIES

○ _____

○ _____

○ _____

TODAY I AM GRATEFUL FOR

_____

I WILL MAKE TOMORROW 1% BETTER BY

_____

___ /THURSDAY

TOP 3 PRIORITIES

○ _____

○ _____

○ _____

TODAY I AM GRATEFUL FOR

_____

I WILL MAKE TOMORROW 1% BETTER BY

_____

___ /FRIDAY

TOP 3 PRIORITIES

○ _____

○ _____

○ _____

TODAY I AM GRATEFUL FOR

_____

I WILL MAKE TOMORROW 1% BETTER BY

_____

___ /SATURDAY

TODAY I AM GRATEFUL FOR

___ /SUNDAY

TODAY I AM GRATEFUL FOR

REFLECTING BACK

THIS WEEK I FEEL MOST PROUD OF

Personal: _____

_____

_____

_____

Professional/Educational: _____

_____

_____

_____

MY FAVORITE THING THAT HAPPENED
THIS WEEK WAS

MY OVERALL MOOD THIS WEEK WAS

Negative   Neutral   Positive

THE WEEK AHEAD

TASKS
This week's to-dos:

○ _____

○ _____

○ _____

○ _____

○ _____

○ _____

○ _____

○ _____

○ _____

○ _____

○ _____

○ _____

○ _____

○ _____

INTENTIONS
Hopes and dreams for the week:

_____

_____

_____

_____

_____

____ /MONDAY

TOP 3 PRIORITIES

○ _____

○ _____

○ _____

TODAY I AM GRATEFUL FOR

_____

I WILL MAKE TOMORROW 1% BETTER BY

_____

___ /TUESDAY

TOP 3 PRIORITIES

○ _____

○ _____

○ _____

___ | _____
___ | _____
___ | _____
___ | _____
___ | _____
___ | _____
___ | _____
___ | _____
___ | _____
___ | _____
___ | _____
___ | _____
___ | _____
___ | _____

TODAY I AM GRATEFUL FOR

_____

I WILL MAKE TOMORROW 1% BETTER BY

_____

___ /WEDNESDAY

TOP 3 PRIORITIES

○ _____

○ _____

○ _____

___ | _____
___ | _____
___ | _____
___ | _____
___ | _____
___ | _____
___ | _____
___ | _____
___ | _____
___ | _____
___ | _____
___ | _____
___ | _____
___ | _____

TODAY I AM GRATEFUL FOR

_____

I WILL MAKE TOMORROW 1% BETTER BY

_____

_____ /THURSDAY

TOP 3 PRIORITIES

○ _____
○ _____
○ _____

TODAY I AM GRATEFUL FOR

_____

I WILL MAKE TOMORROW 1% BETTER BY

_____

_____ /FRIDAY

TOP 3 PRIORITIES

○ _____
○ _____
○ _____

TODAY I AM GRATEFUL FOR

_____

I WILL MAKE TOMORROW 1% BETTER BY

_____

___ /SATURDAY

TODAY I AM GRATEFUL FOR

___ /SUNDAY

TODAY I AM GRATEFUL FOR

REFLECTING BACK

THIS WEEK I FEEL MOST PROUD OF

Personal: _____

Professional/Educational: _____

MY FAVORITE THING THAT HAPPENED THIS WEEK WAS

MY OVERALL MOOD THIS WEEK WAS

Negative   Neutral   Positive

THE WEEK AHEAD

TASKS
This week's to-dos:

- ◯ _____
- ◯ _____
- ◯ _____
- ◯ _____
- ◯ _____
- ◯ _____
- ◯ _____
- ◯ _____
- ◯ _____
- ◯ _____
- ◯ _____
- ◯ _____
- ◯ _____
- ◯ _____

INTENTIONS
Hopes and dreams for the week:

_____

_____

_____

_____

_____

___ /MONDAY

TOP 3 PRIORITIES

- ◯ _____
- ◯ _____
- ◯ _____

TODAY I AM GRATEFUL FOR

_____

I WILL MAKE TOMORROW 1% BETTER BY

_____

___ /TUESDAY

TOP 3 PRIORITIES

- ○ _____
- ○ _____
- ○ _____

_____

_____
_____
_____
_____
_____
_____
_____
_____
_____
_____
_____
_____
_____
_____

TODAY I AM GRATEFUL FOR

_____

I WILL MAKE TOMORROW 1% BETTER BY

_____

___ /WEDNESDAY

TOP 3 PRIORITIES

- ○ _____
- ○ _____
- ○ _____

_____

_____
_____
_____
_____
_____
_____
_____
_____
_____
_____
_____
_____
_____
_____

TODAY I AM GRATEFUL FOR

_____

I WILL MAKE TOMORROW 1% BETTER BY

_____

___ /THURSDAY

TOP 3 PRIORITIES

○ _____

○ _____

○ _____

—	
—	
—	
—	
—	
—	
—	
—	
—	
—	
—	
—	
—	

TODAY I AM GRATEFUL FOR

_____

I WILL MAKE TOMORROW 1% BETTER BY

_____

___ /FRIDAY

TOP 3 PRIORITIES

○ _____

○ _____

○ _____

—	
—	
—	
—	
—	
—	
—	
—	
—	
—	
—	
—	
—	

TODAY I AM GRATEFUL FOR

_____

I WILL MAKE TOMORROW 1% BETTER BY

_____

___ /SATURDAY

TODAY I AM GRATEFUL FOR

___ /SUNDAY

TODAY I AM GRATEFUL FOR

REFLECTING BACK

THIS WEEK I FEEL MOST PROUD OF

Personal: _____

Professional/Educational: _____

MY FAVORITE THING THAT HAPPENED THIS WEEK WAS

MY OVERALL MOOD THIS WEEK WAS

Negative   Neutral   Positive

THE WEEK AHEAD

TASKS
This week's to-dos:

○ _____
○ _____
○ _____
○ _____
○ _____
○ _____
○ _____
○ _____
○ _____
○ _____
○ _____
○ _____
○ _____
○ _____

INTENTIONS
Hopes and dreams for the week:

_____
_____
_____
_____
_____
_____

___ /MONDAY

TOP 3 PRIORITIES

○ _____
○ _____
○ _____

TODAY I AM GRATEFUL FOR

_____

I WILL MAKE TOMORROW 1% BETTER BY

_____

____ /TUESDAY

TOP 3 PRIORITIES

○ _____

○ _____

○ _____

TODAY I AM GRATEFUL FOR

_____

I WILL MAKE TOMORROW 1% BETTER BY

_____

____ /WEDNESDAY

TOP 3 PRIORITIES

○ _____

○ _____

○ _____

TODAY I AM GRATEFUL FOR

_____

I WILL MAKE TOMORROW 1% BETTER BY

_____

____ /THURSDAY

TOP 3 PRIORITIES

○ _____

○ _____

○ _____

TODAY I AM GRATEFUL FOR

_____

I WILL MAKE TOMORROW 1% BETTER BY

_____

____ /FRIDAY

TOP 3 PRIORITIES

○ _____

○ _____

○ _____

TODAY I AM GRATEFUL FOR

_____

I WILL MAKE TOMORROW 1% BETTER BY

_____

___ /SATURDAY

TODAY I AM GRATEFUL FOR

___ /SUNDAY

TODAY I AM GRATEFUL FOR

REFLECTING BACK

THIS WEEK I FEEL MOST PROUD OF

Personal: _____

Professional/Educational: _____

MY FAVORITE THING THAT HAPPENED
THIS WEEK WAS

MY OVERALL MOOD THIS WEEK WAS

Negative   Neutral   Positive

THE WEEK AHEAD

____ /MONDAY

TASKS
This week's to-dos:

○ _____
○ _____
○ _____
○ _____
○ _____
○ _____
○ _____
○ _____
○ _____
○ _____
○ _____
○ _____
○ _____
○ _____
○ _____

TOP 3 PRIORITIES

○ _____
○ _____
○ _____

INTENTIONS
Hopes and dreams for the week:

_____

_____

_____

_____

_____

TODAY I AM GRATEFUL FOR

_____

I WILL MAKE TOMORROW 1% BETTER BY

_____

___ /TUESDAY

TOP 3 PRIORITIES

○ _____

○ _____

○ _____

TODAY I AM GRATEFUL FOR

_____

I WILL MAKE TOMORROW 1% BETTER BY

_____

___ /WEDNESDAY

TOP 3 PRIORITIES

○ _____

○ _____

○ _____

TODAY I AM GRATEFUL FOR

_____

I WILL MAKE TOMORROW 1% BETTER BY

_____

___ /THURSDAY

TOP 3 PRIORITIES

○ _____

○ _____

○ _____

TODAY I AM GRATEFUL FOR

_____

I WILL MAKE TOMORROW 1% BETTER BY

_____

___ /FRIDAY

TOP 3 PRIORITIES

○ _____

○ _____

○ _____

TODAY I AM GRATEFUL FOR

_____

I WILL MAKE TOMORROW 1% BETTER BY

_____

___ /SATURDAY

TODAY I AM GRATEFUL FOR

___ /SUNDAY

TODAY I AM GRATEFUL FOR

REFLECTING BACK

THIS WEEK I FEEL MOST PROUD OF

Personal: _____

Professional/Educational: _____

MY FAVORITE THING THAT HAPPENED THIS WEEK WAS

MY OVERALL MOOD THIS WEEK WAS

Negative   Neutral   Positive

_____ /MONDAY

_____ /TUESDAY

TOP 3 PRIORITIES

○ _____

○ _____

○ _____

TOP 3 PRIORITIES

○ _____

○ _____

○ _____

TODAY I AM GRATEFUL FOR

_____

I WILL MAKE TOMORROW 1% BETTER BY

_____

TODAY I AM GRATEFUL FOR

_____

I WILL MAKE TOMORROW 1% BETTER BY

_____

THIS MONTH'S LIST

List some things you want to try again.

MONTH AT A GLANCE

	MON	TUE	WED
	○	○	○
	○	○	○
	○	○	○
	○	○	○
	○	○	○
	○	○	○

NOTES

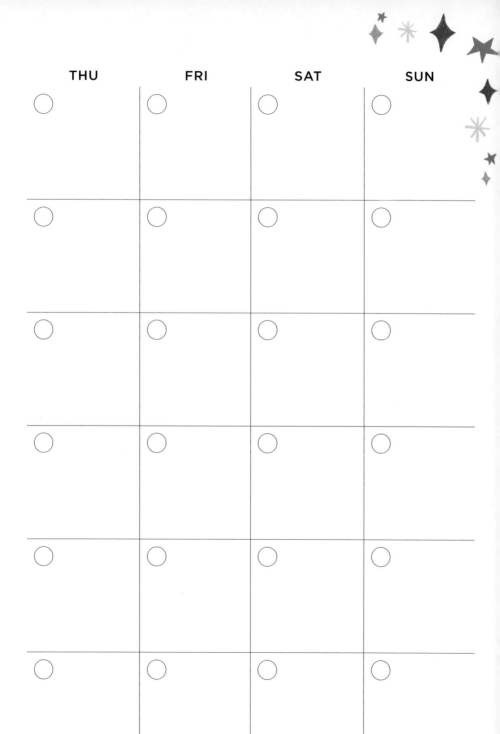

THU	FRI	SAT	SUN

THE WEEK AHEAD

TASKS
This week's to-dos:

○ _____
○ _____
○ _____
○ _____
○ _____
○ _____
○ _____
○ _____
○ _____
○ _____
○ _____
○ _____
○ _____
○ _____

INTENTIONS
Hopes and dreams for the week:

_____

_____

_____

_____

_____

____ /MONDAY

TOP 3 PRIORITIES

○ _____
○ _____
○ _____

TODAY I AM GRATEFUL FOR

_____

I WILL MAKE TOMORROW 1% BETTER BY

_____

___ /TUESDAY

TOP 3 PRIORITIES

○ _____

○ _____

○ _____

TODAY I AM GRATEFUL FOR

_____

I WILL MAKE TOMORROW 1% BETTER BY

_____

___ /WEDNESDAY

TOP 3 PRIORITIES

○ _____

○ _____

○ _____

TODAY I AM GRATEFUL FOR

_____

I WILL MAKE TOMORROW 1% BETTER BY

_____

___ /THURSDAY

TOP 3 PRIORITIES

○ _____

○ _____

○ _____

TODAY I AM GRATEFUL FOR

_____

I WILL MAKE TOMORROW 1% BETTER BY

_____

___ /FRIDAY

TOP 3 PRIORITIES

○ _____

○ _____

○ _____

TODAY I AM GRATEFUL FOR

_____

I WILL MAKE TOMORROW 1% BETTER BY

_____

____ /SATURDAY

TODAY I AM GRATEFUL FOR

____ /SUNDAY

TODAY I AM GRATEFUL FOR

REFLECTING BACK

THIS WEEK I FEEL MOST PROUD OF

Personal: _____

Professional/Educational: _____

MY FAVORITE THING THAT HAPPENED
THIS WEEK WAS

MY OVERALL MOOD THIS WEEK WAS

Negative   Neutral   Positive

THE WEEK AHEAD

TASKS
This week's to-dos:

○ _____
○ _____
○ _____
○ _____
○ _____
○ _____
○ _____
○ _____
○ _____
○ _____
○ _____
○ _____
○ _____
○ _____

INTENTIONS
Hopes and dreams for the week:

_____

_____

_____

_____

_____

___ /MONDAY

TOP 3 PRIORITIES

○ _____
○ _____
○ _____

TODAY I AM GRATEFUL FOR

_____

I WILL MAKE TOMORROW 1% BETTER BY

_____

___ /TUESDAY

TOP 3 PRIORITIES

○ _____

○ _____

○ _____

___ /WEDNESDAY

TOP 3 PRIORITIES

○ _____

○ _____

○ _____

TODAY I AM GRATEFUL FOR

_____

I WILL MAKE TOMORROW 1% BETTER BY

_____

TODAY I AM GRATEFUL FOR

_____

I WILL MAKE TOMORROW 1% BETTER BY

_____

____ /THURSDAY

TOP 3 PRIORITIES

○ _____

○ _____

○ _____

____ /FRIDAY

TOP 3 PRIORITIES

○ _____

○ _____

○ _____

TODAY I AM GRATEFUL FOR

_____

I WILL MAKE TOMORROW 1% BETTER BY

_____

TODAY I AM GRATEFUL FOR

_____

I WILL MAKE TOMORROW 1% BETTER BY

_____

____ /SATURDAY

TODAY I AM GRATEFUL FOR

____ /SUNDAY

TODAY I AM GRATEFUL FOR

REFLECTING BACK

THIS WEEK I FEEL MOST PROUD OF

Personal: _____

Professional/Educational: _____

MY FAVORITE THING THAT HAPPENED THIS WEEK WAS

MY OVERALL MOOD THIS WEEK WAS

Negative   Neutral   Positive

THE WEEK AHEAD

_____ /MONDAY

TASKS
This week's to-dos:

○ _____
○ _____
○ _____
○ _____
○ _____
○ _____
○ _____
○ _____
○ _____
○ _____
○ _____
○ _____
○ _____
○ _____

TOP 3 PRIORITIES

○ _____
○ _____
○ _____

INTENTIONS
Hopes and dreams for the week:

_____
_____
_____
_____
_____
_____

TODAY I AM GRATEFUL FOR

_____

I WILL MAKE TOMORROW 1% BETTER BY

_____

____ /TUESDAY

TOP 3 PRIORITIES

○ _____

○ _____

○ _____

____ /WEDNESDAY

TOP 3 PRIORITIES

○ _____

○ _____

○ _____

TODAY I AM GRATEFUL FOR

_____

I WILL MAKE TOMORROW 1% BETTER BY

_____

TODAY I AM GRATEFUL FOR

_____

I WILL MAKE TOMORROW 1% BETTER BY

_____

___ /THURSDAY

TOP 3 PRIORITIES

○ _____
○ _____
○ _____

TODAY I AM GRATEFUL FOR

_____

I WILL MAKE TOMORROW 1% BETTER BY

_____

___ /FRIDAY

TOP 3 PRIORITIES

○ _____
○ _____
○ _____

TODAY I AM GRATEFUL FOR

_____

I WILL MAKE TOMORROW 1% BETTER BY

_____

____ /SATURDAY

TODAY I AM GRATEFUL FOR

____ /SUNDAY

TODAY I AM GRATEFUL FOR

REFLECTING BACK

THIS WEEK I FEEL MOST PROUD OF

Personal: _____

_____

_____

_____

Professional/Educational: _____

_____

_____

_____

MY FAVORITE THING THAT HAPPENED
THIS WEEK WAS

MY OVERALL MOOD THIS WEEK WAS

Negative   Neutral   Positive

THE WEEK AHEAD

TASKS
This week's to-dos:

○ _____
○ _____
○ _____
○ _____
○ _____
○ _____
○ _____
○ _____
○ _____
○ _____
○ _____
○ _____
○ _____
○ _____

INTENTIONS
Hopes and dreams for the week:

_____

_____

_____

_____

_____

_____

___ /MONDAY

TOP 3 PRIORITIES

○ _____
○ _____
○ _____

TODAY I AM GRATEFUL FOR

_____

I WILL MAKE TOMORROW 1% BETTER BY

_____

____ /TUESDAY

TOP 3 PRIORITIES

○ _____

○ _____

○ _____

TODAY I AM GRATEFUL FOR

_____

I WILL MAKE TOMORROW 1% BETTER BY

_____

____ /WEDNESDAY

TOP 3 PRIORITIES

○ _____

○ _____

○ _____

TODAY I AM GRATEFUL FOR

_____

I WILL MAKE TOMORROW 1% BETTER BY

_____

___ /THURSDAY

TOP 3 PRIORITIES

○ _____

○ _____

○ _____

TODAY I AM GRATEFUL FOR

_____

I WILL MAKE TOMORROW 1% BETTER BY

_____

___ /FRIDAY

TOP 3 PRIORITIES

○ _____

○ _____

○ _____

TODAY I AM GRATEFUL FOR

_____

I WILL MAKE TOMORROW 1% BETTER BY

_____

___ /SATURDAY

TODAY I AM GRATEFUL FOR

___ /SUNDAY

TODAY I AM GRATEFUL FOR

REFLECTING BACK

THIS WEEK I FEEL MOST PROUD OF

Personal: _____

_____

_____

_____

Professional/Educational: _____

_____

_____

_____

MY FAVORITE THING THAT HAPPENED THIS WEEK WAS

MY OVERALL MOOD THIS WEEK WAS

| Negative | Neutral | Positive |

THE WEEK AHEAD

TASKS
This week's to-dos:

○ _____
○ _____
○ _____
○ _____
○ _____
○ _____
○ _____
○ _____
○ _____
○ _____
○ _____
○ _____
○ _____
○ _____

INTENTIONS
Hopes and dreams for the week:

_____

_____

_____

_____

_____

____ /MONDAY

TOP 3 PRIORITIES

○ _____
○ _____
○ _____

TODAY I AM GRATEFUL FOR

_____

I WILL MAKE TOMORROW 1% BETTER BY

_____

___ /TUESDAY

TOP 3 PRIORITIES

○ _____

○ _____

○ _____

TODAY I AM GRATEFUL FOR

_____

I WILL MAKE TOMORROW 1% BETTER BY

_____

___ /WEDNESDAY

TOP 3 PRIORITIES

○ _____

○ _____

○ _____

TODAY I AM GRATEFUL FOR

_____

I WILL MAKE TOMORROW 1% BETTER BY

_____

___ /THURSDAY

TOP 3 PRIORITIES

○ _____

○ _____

○ _____

TODAY I AM GRATEFUL FOR

_____

I WILL MAKE TOMORROW 1% BETTER BY

_____

___ /FRIDAY

TOP 3 PRIORITIES

○ _____

○ _____

○ _____

TODAY I AM GRATEFUL FOR

_____

I WILL MAKE TOMORROW 1% BETTER BY

_____

___ /SATURDAY

TODAY I AM GRATEFUL FOR

___ /SUNDAY

TODAY I AM GRATEFUL FOR

REFLECTING BACK

THIS WEEK I FEEL MOST PROUD OF

Personal: _____

Professional/Educational: _____

MY FAVORITE THING THAT HAPPENED
THIS WEEK WAS

MY OVERALL MOOD THIS WEEK WAS

Negative   Neutral   Positive

___ /MONDAY

TOP 3 PRIORITIES

- ○ _____
- ○ _____
- ○ _____

TODAY I AM GRATEFUL FOR

_____

I WILL MAKE TOMORROW 1% BETTER BY

_____

___ /TUESDAY

TOP 3 PRIORITIES

- ○ _____
- ○ _____
- ○ _____

TODAY I AM GRATEFUL FOR

_____

I WILL MAKE TOMORROW 1% BETTER BY

_____

THIS MONTH'S LIST

Think about the *why* behind what you do. List the purpose of some of the core things you invest your time in.

_____

_____

_____

_____

_____

_____

_____

_____

_____

_____

_____

_____

_____

_____

_____

_____

_____

_____

_____

_____

_____

_____

MONTH AT A GLANCE

MON	TUE	WED
○	○	○
○	○	○
○	○	○
○	○	○
○	○	○
○	○	○

NOTES

THU	FRI	SAT	SUN
○	○	○	○
○	○	○	○
○	○	○	○
○	○	○	○
○	○	○	○
○	○	○	○

THE WEEK AHEAD

____ /MONDAY

TASKS
This week's to-dos:

○ _____

○ _____

○ _____

○ _____

○ _____

○ _____

○ _____

○ _____

○ _____

○ _____

○ _____

○ _____

○ _____

TOP 3 PRIORITIES

○ _____

○ _____

○ _____

INTENTIONS
Hopes and dreams for the week:

_____

_____

_____

_____

_____

_____

TODAY I AM GRATEFUL FOR

_____

I WILL MAKE TOMORROW 1% BETTER BY

_____

____ /TUESDAY

TOP 3 PRIORITIES

○ _____

○ _____

○ _____

_____

___ _____

___ _____

___ _____

___ _____

___ _____

___ _____

___ _____

___ _____

___ _____

___ _____

___ _____

___ _____

___ _____

TODAY I AM GRATEFUL FOR

_____

I WILL MAKE TOMORROW 1% BETTER BY

_____

____ /WEDNESDAY

TOP 3 PRIORITIES

○ _____

○ _____

○ _____

_____

___ _____

___ _____

___ _____

___ _____

___ _____

___ _____

___ _____

___ _____

___ _____

___ _____

___ _____

___ _____

___ _____

TODAY I AM GRATEFUL FOR

_____

I WILL MAKE TOMORROW 1% BETTER BY

_____

___ /THURSDAY

TOP 3 PRIORITIES

○ _____

○ _____

○ _____

TODAY I AM GRATEFUL FOR

_____

I WILL MAKE TOMORROW 1% BETTER BY

_____

___ /FRIDAY

TOP 3 PRIORITIES

○ _____

○ _____

○ _____

TODAY I AM GRATEFUL FOR

_____

I WILL MAKE TOMORROW 1% BETTER BY

_____

___ /SATURDAY

TODAY I AM GRATEFUL FOR

___ /SUNDAY

TODAY I AM GRATEFUL FOR

REFLECTING BACK

THIS WEEK I FEEL MOST PROUD OF

Personal: _____

Professional/Educational: _____

MY FAVORITE THING THAT HAPPENED
THIS WEEK WAS

MY OVERALL MOOD THIS WEEK WAS

Negative   Neutral   Positive

THE WEEK AHEAD

TASKS
This week's to-dos:

○ _____
○ _____
○ _____
○ _____
○ _____
○ _____
○ _____
○ _____
○ _____
○ _____
○ _____
○ _____
○ _____
○ _____

INTENTIONS
Hopes and dreams for the week:

_____
_____
_____
_____
_____
_____

____ /MONDAY

TOP 3 PRIORITIES

○ _____
○ _____
○ _____

_____

TODAY I AM GRATEFUL FOR

_____

I WILL MAKE TOMORROW 1% BETTER BY

_____

___ /TUESDAY

TOP 3 PRIORITIES

○ _____

○ _____

○ _____

TODAY I AM GRATEFUL FOR

_____

I WILL MAKE TOMORROW 1% BETTER BY

_____

___ /WEDNESDAY

TOP 3 PRIORITIES

○ _____

○ _____

○ _____

TODAY I AM GRATEFUL FOR

_____

I WILL MAKE TOMORROW 1% BETTER BY

_____

_____ /THURSDAY

TOP 3 PRIORITIES

◯ _____

◯ _____

◯ _____

_____ /FRIDAY

TOP 3 PRIORITIES

◯ _____

◯ _____

◯ _____

TODAY I AM GRATEFUL FOR

_____

I WILL MAKE TOMORROW 1% BETTER BY

_____

TODAY I AM GRATEFUL FOR

_____

I WILL MAKE TOMORROW 1% BETTER BY

_____

___ /SATURDAY

TODAY I AM GRATEFUL FOR

___ /SUNDAY

TODAY I AM GRATEFUL FOR

REFLECTING BACK

THIS WEEK I FEEL MOST PROUD OF

Personal: _____

_____

_____

_____

Professional/Educational: _____

_____

_____

_____

MY FAVORITE THING THAT HAPPENED
THIS WEEK WAS

MY OVERALL MOOD THIS WEEK WAS

Negative   Neutral   Positive

THE WEEK AHEAD

____ /MONDAY

TASKS
This week's to-dos:

○ _____

○ _____

○ _____

○ _____

○ _____

○ _____

○ _____

○ _____

○ _____

○ _____

○ _____

○ _____

○ _____

○ _____

TOP 3 PRIORITIES

○ _____

○ _____

○ _____

INTENTIONS
Hopes and dreams for the week:

_____

_____

_____

_____

_____

TODAY I AM GRATEFUL FOR

_____

I WILL MAKE TOMORROW 1% BETTER BY

_____

____ /TUESDAY

TOP 3 PRIORITIES

○ _____

○ _____

○ _____

TODAY I AM GRATEFUL FOR

_____

I WILL MAKE TOMORROW 1% BETTER BY

_____

____ /WEDNESDAY

TOP 3 PRIORITIES

○ _____

○ _____

○ _____

TODAY I AM GRATEFUL FOR

_____

I WILL MAKE TOMORROW 1% BETTER BY

_____

___ /THURSDAY

TOP 3 PRIORITIES

○ _____
○ _____
○ _____

___ /FRIDAY

TOP 3 PRIORITIES

○ _____
○ _____
○ _____

TODAY I AM GRATEFUL FOR

_____

I WILL MAKE TOMORROW 1% BETTER BY

_____

TODAY I AM GRATEFUL FOR

_____

I WILL MAKE TOMORROW 1% BETTER BY

_____

___ /SATURDAY

TODAY I AM GRATEFUL FOR

___ /SUNDAY

TODAY I AM GRATEFUL FOR

REFLECTING BACK

THIS WEEK I FEEL MOST PROUD OF

Personal: _____

Professional/Educational: _____

MY FAVORITE THING THAT HAPPENED
THIS WEEK WAS

MY OVERALL MOOD THIS WEEK WAS

Negative   Neutral   Positive

THE WEEK AHEAD

TASKS
This week's to-dos:

○ _____

○ _____

○ _____

○ _____

○ _____

○ _____

○ _____

○ _____

○ _____

○ _____

○ _____

○ _____

○ _____

○ _____

INTENTIONS
Hopes and dreams for the week:

_____

_____

_____

_____

_____

____ /MONDAY

TOP 3 PRIORITIES

○ _____

○ _____

○ _____

TODAY I AM GRATEFUL FOR

_____

I WILL MAKE TOMORROW 1% BETTER BY

_____

___ /TUESDAY

TOP 3 PRIORITIES

○ _____

○ _____

○ _____

___ _____

___ _____

___ _____

___ _____

___ _____

___ _____

___ _____

___ _____

___ _____

___ _____

___ _____

___ _____

___ _____

___ _____

TODAY I AM GRATEFUL FOR

_____

I WILL MAKE TOMORROW 1% BETTER BY

_____

___ /WEDNESDAY

TOP 3 PRIORITIES

○ _____

○ _____

○ _____

___ _____

___ _____

___ _____

___ _____

___ _____

___ _____

___ _____

___ _____

___ _____

___ _____

___ _____

___ _____

___ _____

TODAY I AM GRATEFUL FOR

_____

I WILL MAKE TOMORROW 1% BETTER BY

_____

___ /THURSDAY

TOP 3 PRIORITIES

○ _____

○ _____

○ _____

TODAY I AM GRATEFUL FOR

_____

I WILL MAKE TOMORROW 1% BETTER BY

_____

___ /FRIDAY

TOP 3 PRIORITIES

○ _____

○ _____

○ _____

TODAY I AM GRATEFUL FOR

_____

I WILL MAKE TOMORROW 1% BETTER BY

_____

___ /SATURDAY

TODAY I AM GRATEFUL FOR

___ /SUNDAY

TODAY I AM GRATEFUL FOR

REFLECTING BACK

THIS WEEK I FEEL MOST PROUD OF

Personal: _____

_____

_____

_____

Professional/Educational: _____

_____

_____

_____

MY FAVORITE THING THAT HAPPENED THIS WEEK WAS

MY OVERALL MOOD THIS WEEK WAS

Negative   Neutral   Positive

THE WEEK AHEAD

____ /MONDAY

TASKS
This week's to-dos:

○ _____
○ _____
○ _____
○ _____
○ _____
○ _____
○ _____
○ _____
○ _____
○ _____
○ _____
○ _____
○ _____
○ _____
○ _____

INTENTIONS
Hopes and dreams for the week:

_____
_____
_____
_____
_____
_____

TOP 3 PRIORITIES

○ _____
○ _____
○ _____

TODAY I AM GRATEFUL FOR

_____

I WILL MAKE TOMORROW 1% BETTER BY

_____

___ /TUESDAY

TOP 3 PRIORITIES

○ _____

○ _____

○ _____

TODAY I AM GRATEFUL FOR

_____

I WILL MAKE TOMORROW 1% BETTER BY

_____

___ /WEDNESDAY

TOP 3 PRIORITIES

○ _____

○ _____

○ _____

TODAY I AM GRATEFUL FOR

_____

I WILL MAKE TOMORROW 1% BETTER BY

_____

___ /THURSDAY

TOP 3 PRIORITIES

○ _____

○ _____

○ _____

TODAY I AM GRATEFUL FOR

_____

I WILL MAKE TOMORROW 1% BETTER BY

_____

___ /FRIDAY

TOP 3 PRIORITIES

○ _____

○ _____

○ _____

TODAY I AM GRATEFUL FOR

_____

I WILL MAKE TOMORROW 1% BETTER BY

_____

___ /SATURDAY

TODAY I AM GRATEFUL FOR

___ /SUNDAY

TODAY I AM GRATEFUL FOR

REFLECTING BACK

THIS WEEK I FEEL MOST PROUD OF

Personal: _____

Professional/Educational: _____

MY FAVORITE THING THAT HAPPENED
THIS WEEK WAS

MY OVERALL MOOD THIS WEEK WAS

Negative   Neutral   Positive

___ /MONDAY

TOP 3 PRIORITIES

○ _____

○ _____

○ _____

TODAY I AM GRATEFUL FOR

_____

I WILL MAKE TOMORROW 1% BETTER BY

_____

___ /TUESDAY

TOP 3 PRIORITIES

○ _____

○ _____

○ _____

TODAY I AM GRATEFUL FOR

_____

I WILL MAKE TOMORROW 1% BETTER BY

_____

THIS MONTH'S LIST

List the ways that adapting to plans that have changed in
the past has helped you in the present.

MONTH AT A GLANCE

	MON	TUE	WED
	◯	◯	◯
	◯	◯	◯
	◯	◯	◯
	◯	◯	◯
	◯	◯	◯
	◯	◯	◯

NOTES

THU	FRI	SAT	SUN
○	○	○	○
○	○	○	○
○	○	○	○
○	○	○	○
○	○	○	○
○	○	○	○

THE WEEK AHEAD

TASKS
This week's to-dos:

- ○ _____
- ○ _____
- ○ _____
- ○ _____
- ○ _____
- ○ _____
- ○ _____
- ○ _____
- ○ _____
- ○ _____
- ○ _____
- ○ _____
- ○ _____
- ○ _____

INTENTIONS
Hopes and dreams for the week:

_____

_____

_____

_____

_____

_____

____ /MONDAY

TOP 3 PRIORITIES

- ○ _____
- ○ _____
- ○ _____

TODAY I AM GRATEFUL FOR

_____

I WILL MAKE TOMORROW 1% BETTER BY

_____

___ /TUESDAY

TOP 3 PRIORITIES

○ _____

○ _____

○ _____

TODAY I AM GRATEFUL FOR

_____

I WILL MAKE TOMORROW 1% BETTER BY

_____

___ /WEDNESDAY

TOP 3 PRIORITIES

○ _____

○ _____

○ _____

TODAY I AM GRATEFUL FOR

_____

I WILL MAKE TOMORROW 1% BETTER BY

_____

___ /THURSDAY

TOP 3 PRIORITIES

○ _____

○ _____

○ _____

TODAY I AM GRATEFUL FOR

_____

I WILL MAKE TOMORROW 1% BETTER BY

_____

___ /FRIDAY

TOP 3 PRIORITIES

○ _____

○ _____

○ _____

TODAY I AM GRATEFUL FOR

_____

I WILL MAKE TOMORROW 1% BETTER BY

_____

___ /SATURDAY

TODAY I AM GRATEFUL FOR

___ /SUNDAY

TODAY I AM GRATEFUL FOR

REFLECTING BACK

THIS WEEK I FEEL MOST PROUD OF

Personal: _____

Professional/Educational: _____

MY FAVORITE THING THAT HAPPENED
THIS WEEK WAS

MY OVERALL MOOD THIS WEEK WAS

Negative   Neutral   Positive

THE WEEK AHEAD

____ /MONDAY

TASKS
This week's to-dos:

- ○ _____
- ○ _____
- ○ _____
- ○ _____
- ○ _____
- ○ _____
- ○ _____
- ○ _____
- ○ _____
- ○ _____
- ○ _____
- ○ _____
- ○ _____

TOP 3 PRIORITIES

- ○ _____
- ○ _____
- ○ _____

INTENTIONS
Hopes and dreams for the week:

_____

_____

_____

_____

_____

_____

TODAY I AM GRATEFUL FOR

_____

I WILL MAKE TOMORROW 1% BETTER BY

_____

___ /TUESDAY

TOP 3 PRIORITIES

○ _____

○ _____

○ _____

TODAY I AM GRATEFUL FOR

_____

I WILL MAKE TOMORROW 1% BETTER BY

_____

___ /WEDNESDAY

TOP 3 PRIORITIES

○ _____

○ _____

○ _____

TODAY I AM GRATEFUL FOR

_____

I WILL MAKE TOMORROW 1% BETTER BY

_____

___ /THURSDAY

TOP 3 PRIORITIES

○ _____

○ _____

○ _____

TODAY I AM GRATEFUL FOR

_____

I WILL MAKE TOMORROW 1% BETTER BY

_____

___ /FRIDAY

TOP 3 PRIORITIES

○ _____

○ _____

○ _____

TODAY I AM GRATEFUL FOR

_____

I WILL MAKE TOMORROW 1% BETTER BY

_____

___ /SATURDAY

TODAY I AM GRATEFUL FOR

___ /SUNDAY

TODAY I AM GRATEFUL FOR

REFLECTING BACK

THIS WEEK I FEEL MOST PROUD OF

Personal: _____

Professional/Educational: _____

MY FAVORITE THING THAT HAPPENED
THIS WEEK WAS

MY OVERALL MOOD THIS WEEK WAS

Negative   Neutral   Positive

THE WEEK AHEAD

TASKS
This week's to-dos:

- ◯ _____
- ◯ _____
- ◯ _____
- ◯ _____
- ◯ _____
- ◯ _____
- ◯ _____
- ◯ _____
- ◯ _____
- ◯ _____
- ◯ _____
- ◯ _____
- ◯ _____
- ◯ _____

INTENTIONS
Hopes and dreams for the week:

_____

_____

_____

_____

_____

_____

_____ /MONDAY

TOP 3 PRIORITIES

- ◯ _____
- ◯ _____
- ◯ _____

TODAY I AM GRATEFUL FOR

_____

I WILL MAKE TOMORROW 1% BETTER BY

_____

___ /TUESDAY

TOP 3 PRIORITIES

○ _____

○ _____

○ _____

_____

___ | _____
___ | _____
___ | _____
___ | _____
___ | _____
___ | _____
___ | _____
___ | _____
___ | _____
___ | _____
___ | _____
___ | _____
___ | _____
___ | _____

TODAY I AM GRATEFUL FOR

_____

I WILL MAKE TOMORROW 1% BETTER BY

_____

___ /WEDNESDAY

TOP 3 PRIORITIES

○ _____

○ _____

○ _____

_____

___ | _____
___ | _____
___ | _____
___ | _____
___ | _____
___ | _____
___ | _____
___ | _____
___ | _____
___ | _____
___ | _____
___ | _____
___ | _____
___ | _____

TODAY I AM GRATEFUL FOR

_____

I WILL MAKE TOMORROW 1% BETTER BY

_____

___ /THURSDAY

TOP 3 PRIORITIES

- ○ _____
- ○ _____
- ○ _____

TODAY I AM GRATEFUL FOR

_____

I WILL MAKE TOMORROW 1% BETTER BY

_____

___ /FRIDAY

TOP 3 PRIORITIES

- ○ _____
- ○ _____
- ○ _____

TODAY I AM GRATEFUL FOR

_____

I WILL MAKE TOMORROW 1% BETTER BY

_____

___ /SATURDAY

TODAY I AM GRATEFUL FOR

___ /SUNDAY

TODAY I AM GRATEFUL FOR

REFLECTING BACK

THIS WEEK I FEEL MOST PROUD OF

Personal: _____

Professional/Educational: _____

MY FAVORITE THING THAT HAPPENED
THIS WEEK WAS

MY OVERALL MOOD THIS WEEK WAS

Negative   Neutral   Positive

THE WEEK AHEAD

TASKS
This week's to-dos:

○ _____

○ _____

○ _____

○ _____

○ _____

○ _____

○ _____

○ _____

○ _____

○ _____

○ _____

○ _____

○ _____

○ _____

INTENTIONS
Hopes and dreams for the week:

_____

_____

_____

_____

_____

____ /MONDAY

TOP 3 PRIORITIES

○ _____

○ _____

○ _____

TODAY I AM GRATEFUL FOR

_____

I WILL MAKE TOMORROW 1% BETTER BY

_____

____ /TUESDAY

TOP 3 PRIORITIES

○ _____

○ _____

○ _____

TODAY I AM GRATEFUL FOR

_____

I WILL MAKE TOMORROW 1% BETTER BY

_____

____ /WEDNESDAY

TOP 3 PRIORITIES

○ _____

○ _____

○ _____

TODAY I AM GRATEFUL FOR

_____

I WILL MAKE TOMORROW 1% BETTER BY

_____

____ /THURSDAY

TOP 3 PRIORITIES

○ _____

○ _____

○ _____

TODAY I AM GRATEFUL FOR

_____

I WILL MAKE TOMORROW 1% BETTER BY

_____

____ /FRIDAY

TOP 3 PRIORITIES

○ _____

○ _____

○ _____

TODAY I AM GRATEFUL FOR

_____

I WILL MAKE TOMORROW 1% BETTER BY

_____

____ /SATURDAY

TODAY I AM GRATEFUL FOR

____ /SUNDAY

TODAY I AM GRATEFUL FOR

REFLECTING BACK

THIS WEEK I FEEL MOST PROUD OF

Personal: _____

Professional/Educational: _____

MY FAVORITE THING THAT HAPPENED
THIS WEEK WAS

MY OVERALL MOOD THIS WEEK WAS

Negative   Neutral   Positive

THE WEEK AHEAD

TASKS
This week's to-dos:

- _____
- _____
- _____
- _____
- _____
- _____
- _____
- _____
- _____
- _____
- _____
- _____
- _____
- _____

INTENTIONS
Hopes and dreams for the week:

_____

_____

_____

_____

_____

_____

____ /MONDAY

TOP 3 PRIORITIES

- _____
- _____
- _____

TODAY I AM GRATEFUL FOR

_____

I WILL MAKE TOMORROW 1% BETTER BY

_____

___ /TUESDAY

TOP 3 PRIORITIES

○ _____

○ _____

○ _____

TODAY I AM GRATEFUL FOR

_____

I WILL MAKE TOMORROW 1% BETTER BY

_____

___ /WEDNESDAY

TOP 3 PRIORITIES

○ _____

○ _____

○ _____

TODAY I AM GRATEFUL FOR

_____

I WILL MAKE TOMORROW 1% BETTER BY

_____

___ /THURSDAY

TOP 3 PRIORITIES

○ _____

○ _____

○ _____

TODAY I AM GRATEFUL FOR

_____

I WILL MAKE TOMORROW 1% BETTER BY

_____

___ /FRIDAY

TOP 3 PRIORITIES

○ _____

○ _____

○ _____

TODAY I AM GRATEFUL FOR

_____

I WILL MAKE TOMORROW 1% BETTER BY

_____

___ /SATURDAY

TODAY I AM GRATEFUL FOR

___ /SUNDAY

TODAY I AM GRATEFUL FOR

REFLECTING BACK

THIS WEEK I FEEL MOST PROUD OF

Personal: _____

Professional/Educational: _____

MY FAVORITE THING THAT HAPPENED THIS WEEK WAS

MY OVERALL MOOD THIS WEEK WAS

Negative   Neutral   Positive

___ /MONDAY

TOP 3 PRIORITIES

○ _____
○ _____
○ _____

TODAY I AM GRATEFUL FOR

_____

I WILL MAKE TOMORROW 1% BETTER BY

_____

___ /TUESDAY

TOP 3 PRIORITIES

○ _____
○ _____
○ _____

TODAY I AM GRATEFUL FOR

_____

I WILL MAKE TOMORROW 1% BETTER BY

_____

THIS MONTH'S LIST

List the ways your intentions, actions, and goals made a positive difference in your own life and the lives of those around you this year.

MONTH AT A GLANCE

MON	TUE	WED
◯	◯	◯
◯	◯	◯
◯	◯	◯
◯	◯	◯
◯	◯	◯
◯	◯	◯

NOTES

THU	FRI	SAT	SUN
◯	◯	◯	◯
◯	◯	◯	◯
◯	◯	◯	◯
◯	◯	◯	◯
◯	◯	◯	◯
◯	◯	◯	◯

THE WEEK AHEAD

TASKS
This week's to-dos:

○ _____
○ _____
○ _____
○ _____
○ _____
○ _____
○ _____
○ _____
○ _____
○ _____
○ _____
○ _____
○ _____
○ _____

INTENTIONS
Hopes and dreams for the week:

_____
_____
_____
_____
_____
_____

___ /MONDAY

TOP 3 PRIORITIES

○ _____
○ _____
○ _____

TODAY I AM GRATEFUL FOR

_____

I WILL MAKE TOMORROW 1% BETTER BY

_____

____ /TUESDAY

TOP 3 PRIORITIES

○ _____

○ _____

○ _____

TODAY I AM GRATEFUL FOR

I WILL MAKE TOMORROW 1% BETTER BY

____ /WEDNESDAY

TOP 3 PRIORITIES

○ _____

○ _____

○ _____

TODAY I AM GRATEFUL FOR

I WILL MAKE TOMORROW 1% BETTER BY

___ /THURSDAY

TOP 3 PRIORITIES

○ _____

○ _____

○ _____

TODAY I AM GRATEFUL FOR

_____

I WILL MAKE TOMORROW 1% BETTER BY

_____

___ /FRIDAY

TOP 3 PRIORITIES

○ _____

○ _____

○ _____

TODAY I AM GRATEFUL FOR

_____

I WILL MAKE TOMORROW 1% BETTER BY

_____

___/SATURDAY

TODAY I AM GRATEFUL FOR

___/SUNDAY

TODAY I AM GRATEFUL FOR

REFLECTING BACK

THIS WEEK I FEEL MOST PROUD OF

Personal: _____

Professional/Educational: _____

MY FAVORITE THING THAT HAPPENED
THIS WEEK WAS

MY OVERALL MOOD THIS WEEK WAS

Negative   Neutral   Positive

THE WEEK AHEAD

___ /MONDAY

TASKS
This week's to-dos:

○ _____
○ _____
○ _____
○ _____
○ _____
○ _____
○ _____
○ _____
○ _____
○ _____
○ _____
○ _____
○ _____
○ _____

INTENTIONS
Hopes and dreams for the week:

_____

_____

_____

_____

_____

TOP 3 PRIORITIES

○ _____
○ _____
○ _____

TODAY I AM GRATEFUL FOR

_____

I WILL MAKE TOMORROW 1% BETTER BY

_____

___ /TUESDAY

TOP 3 PRIORITIES

○ _____

○ _____

○ _____

TODAY I AM GRATEFUL FOR

I WILL MAKE TOMORROW 1% BETTER BY

___ /WEDNESDAY

TOP 3 PRIORITIES

○ _____

○ _____

○ _____

TODAY I AM GRATEFUL FOR

I WILL MAKE TOMORROW 1% BETTER BY

____ /THURSDAY

TOP 3 PRIORITIES

○ _____

○ _____

○ _____

TODAY I AM GRATEFUL FOR

I WILL MAKE TOMORROW 1% BETTER BY

____ /FRIDAY

TOP 3 PRIORITIES

○ _____

○ _____

○ _____

TODAY I AM GRATEFUL FOR

I WILL MAKE TOMORROW 1% BETTER BY

___ /SATURDAY

TODAY I AM GRATEFUL FOR

___ /SUNDAY

TODAY I AM GRATEFUL FOR

REFLECTING BACK

THIS WEEK I FEEL MOST PROUD OF

Personal: _____

Professional/Educational: _____

MY FAVORITE THING THAT HAPPENED
THIS WEEK WAS

MY OVERALL MOOD THIS WEEK WAS

Negative   Neutral   Positive

THE WEEK AHEAD

TASKS
This week's to-dos:

◯ _____
◯ _____
◯ _____
◯ _____
◯ _____
◯ _____
◯ _____
◯ _____
◯ _____
◯ _____
◯ _____
◯ _____
◯ _____
◯ _____

INTENTIONS
Hopes and dreams for the week:

_____
_____
_____
_____
_____
_____

_____ /MONDAY

TOP 3 PRIORITIES

◯ _____
◯ _____
◯ _____

TODAY I AM GRATEFUL FOR

_____

I WILL MAKE TOMORROW 1% BETTER BY

_____

___ /TUESDAY

TOP 3 PRIORITIES

○ _____

○ _____

○ _____

TODAY I AM GRATEFUL FOR

_____

I WILL MAKE TOMORROW 1% BETTER BY

_____

___ /WEDNESDAY

TOP 3 PRIORITIES

○ _____

○ _____

○ _____

TODAY I AM GRATEFUL FOR

_____

I WILL MAKE TOMORROW 1% BETTER BY

_____

___ /THURSDAY

TOP 3 PRIORITIES

○ _____

○ _____

○ _____

TODAY I AM GRATEFUL FOR

_____

I WILL MAKE TOMORROW 1% BETTER BY

_____

___ /FRIDAY

TOP 3 PRIORITIES

○ _____

○ _____

○ _____

TODAY I AM GRATEFUL FOR

_____

I WILL MAKE TOMORROW 1% BETTER BY

_____

____ /SATURDAY

TODAY I AM GRATEFUL FOR

____ /SUNDAY

TODAY I AM GRATEFUL FOR

REFLECTING BACK

THIS WEEK I FEEL MOST PROUD OF

Personal: _____

Professional/Educational: _____

MY FAVORITE THING THAT HAPPENED
THIS WEEK WAS

MY OVERALL MOOD THIS WEEK WAS

Negative   Neutral   Positive

THE WEEK AHEAD

____ /MONDAY

TASKS
This week's to-dos:

○ _____
○ _____
○ _____
○ _____
○ _____
○ _____
○ _____
○ _____
○ _____
○ _____
○ _____
○ _____
○ _____
○ _____

TOP 3 PRIORITIES

○ _____
○ _____
○ _____

INTENTIONS
Hopes and dreams for the week:

_____

_____

_____

_____

_____

_____

TODAY I AM GRATEFUL FOR

_____

I WILL MAKE TOMORROW 1% BETTER BY

_____

___ /TUESDAY

TOP 3 PRIORITIES

○ _____

○ _____

○ _____

_____

_____

_____

_____

_____

_____

_____

_____

_____

_____

_____

_____

_____

_____

TODAY I AM GRATEFUL FOR

_____

I WILL MAKE TOMORROW 1% BETTER BY

_____

___ /WEDNESDAY

TOP 3 PRIORITIES

○ _____

○ _____

○ _____

_____

_____

_____

_____

_____

_____

_____

_____

_____

_____

_____

_____

_____

_____

TODAY I AM GRATEFUL FOR

_____

I WILL MAKE TOMORROW 1% BETTER BY

_____

____ /THURSDAY

TOP 3 PRIORITIES

○ _____

○ _____

○ _____

TODAY I AM GRATEFUL FOR

_____

I WILL MAKE TOMORROW 1% BETTER BY

_____

____ /FRIDAY

TOP 3 PRIORITIES

○ _____

○ _____

○ _____

TODAY I AM GRATEFUL FOR

_____

I WILL MAKE TOMORROW 1% BETTER BY

_____

___ /SATURDAY

TODAY I AM GRATEFUL FOR

___ /SUNDAY

TODAY I AM GRATEFUL FOR

REFLECTING BACK

THIS WEEK I FEEL MOST PROUD OF

Personal: _____

Professional/Educational: _____

MY FAVORITE THING THAT HAPPENED
THIS WEEK WAS

MY OVERALL MOOD THIS WEEK WAS

Negative   Neutral   Positive

THE WEEK AHEAD

___ /MONDAY

TASKS
This week's to-dos:

○ _____
○ _____
○ _____
○ _____
○ _____
○ _____
○ _____
○ _____
○ _____
○ _____
○ _____
○ _____
○ _____
○ _____

INTENTIONS
Hopes and dreams for the week:

_____
_____
_____
_____
_____
_____

TOP 3 PRIORITIES

○ _____
○ _____
○ _____

TODAY I AM GRATEFUL FOR

_____

I WILL MAKE TOMORROW 1% BETTER BY

_____

____ /TUESDAY

TOP 3 PRIORITIES

○ _____

○ _____

○ _____

___ | _____

___ | _____

___ | _____

___ | _____

___ | _____

___ | _____

___ | _____

___ | _____

___ | _____

___ | _____

___ | _____

___ | _____

___ | _____

___ | _____

TODAY I AM GRATEFUL FOR

_____

I WILL MAKE TOMORROW 1% BETTER BY

_____

____ /WEDNESDAY

TOP 3 PRIORITIES

○ _____

○ _____

○ _____

___ | _____

___ | _____

___ | _____

___ | _____

___ | _____

___ | _____

___ | _____

___ | _____

___ | _____

___ | _____

___ | _____

___ | _____

___ | _____

___ | _____

TODAY I AM GRATEFUL FOR

_____

I WILL MAKE TOMORROW 1% BETTER BY

_____

___ /THURSDAY

TOP 3 PRIORITIES

○ _____

○ _____

○ _____

TODAY I AM GRATEFUL FOR

_____

I WILL MAKE TOMORROW 1% BETTER BY

_____

___ /FRIDAY

TOP 3 PRIORITIES

○ _____

○ _____

○ _____

TODAY I AM GRATEFUL FOR

_____

I WILL MAKE TOMORROW 1% BETTER BY

_____

___ /SATURDAY

TODAY I AM GRATEFUL FOR

___ /SUNDAY

TODAY I AM GRATEFUL FOR

REFLECTING BACK

THIS WEEK I FEEL MOST PROUD OF

Personal: _____

_____

_____

_____

Professional/Educational: _____

_____

_____

_____

MY FAVORITE THING THAT HAPPENED
THIS WEEK WAS

_____

_____

_____

_____

_____

_____

_____

MY OVERALL MOOD THIS WEEK WAS

Negative   Neutral   Positive

____ /MONDAY

TOP 3 PRIORITIES

○ _____

○ _____

○ _____

____ /TUESDAY

TOP 3 PRIORITIES

○ _____

○ _____

○ _____

TODAY I AM GRATEFUL FOR

_____

I WILL MAKE TOMORROW 1% BETTER BY

_____

TODAY I AM GRATEFUL FOR

_____

I WILL MAKE TOMORROW 1% BETTER BY

_____

LOOKING BACK + REFLECTING

FROM ——— / ——— / ——— TO ——— / ——— / ———

The most significant thing that happened in my personal life over the last year:

_____

_____

_____

_____

_____

The most significant thing that happened in my professional/educational life over the last year:

_____

_____

_____

_____

_____

10 people I appreciated: 5 favorite places I
                                                                   spent my time:

_____ _____ _____

_____ _____ _____

_____ _____ _____

_____ _____ _____

My overall mood this year was

Negative   Neutral   Positive

5 new things I tried:

_____

_____

_____

_____

_____

5 things I did this year that I want to
keep doing next year:

_____

_____

_____

_____

_____

What made this year 1% better
than last year:

_____

_____

_____

_____

How I can make next year 1%
better than this one:

_____

_____

_____

_____

Where I invested most of my time and energy this year:

○ work/education   ○ home   ○ mental health   ○ intellect

○ spirituality   ○ friendship ○ family   ○ physical activity

○ activism/politics ○ finances   ○ _____   ○ _____

Where I intend to invest most of my time and energy next year:

○ work/education   ○ home   ○ mental health   ○ intellect

○ spirituality   ○ friendship ○ family   ○ physical activity

○ activism/politics ○ finances   ○ _____   ○ _____

PROJECT:

START:

DUE:

BRAINSTORM:

ONE STEP AT A TIME:

○

○

○

○

○

○

○

○

○ I DID IT!   ○ COME BACK TO THIS LATER   ○ MOVE ON AND LET GO

PROJECT:

START:

DUE:

BRAINSTORM:

ONE STEP AT A TIME:

○

○

○

○

○

○

○

○

○ I DID IT!   ○ COME BACK TO THIS LATER   ○ MOVE ON AND LET GO

PROJECT:

START:

DUE:

BRAINSTORM:

ONE STEP AT A TIME:

○

○

○

○

○

○

○

○

PROJECT:

START:

DUE:

BRAINSTORM:

ONE STEP AT A TIME:

◯

◯

◯

◯

◯

◯

◯

◯

◯ **I DID IT!**　　　◯ **COME BACK TO THIS LATER**　　　◯ **MOVE ON AND LET GO**

PROJECT:

START:

DUE:

BRAINSTORM:

ONE STEP AT A TIME:

○

○

○

○

○

○

○

○

PROJECT:

START:

DUE:

BRAINSTORM:

ONE STEP AT A TIME:

○

○

○

○

○

○

○

○

○ I DID IT!   ○ COME BACK TO THIS LATER   ○ MOVE ON AND LET GO

PROJECT:

START:

DUE:

BRAINSTORM:

ONE STEP AT A TIME:

○

○

○

○

○

○

○

○

○ I DID IT!　　　○ COME BACK TO THIS LATER　　　○ MOVE ON AND LET GO

PROJECT:

START:

DUE:

BRAINSTORM:

ONE STEP AT A TIME:

○

○

○

○

○

○

○

○

PROJECT:

START:

DUE:

BRAINSTORM:

ONE STEP AT A TIME:

○

○

○

○

○

○

○

○

PROJECT:

START:

DUE:

BRAINSTORM:

ONE STEP AT A TIME:

○

○

○

○

○

○

○

○

○ I DID IT!   ○ COME BACK TO THIS LATER   ○ MOVE ON AND LET GO

MORE FROM MOOREA SEAL

THE **52 Lists** SERIES

The 52 Lists Project
52 Lists for Happiness
52 Lists for Togetherness
52 Lists for Calm
52 Lists for Bravery

ALSO BY MOOREA SEAL

Make Yourself at Home

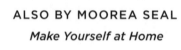